Reichsgerichts-Entscheidungen

in kurzen Auszügen

Herausgegeben vom

Deutschen Richterbund

Zivilsachen — Band 125

1930
München, Berlin und Leipzig
J. Schweitzer Verlag (Arthur Sellier).

Reichsgerichts-Entscheidungen

in kurzen Auszügen

Herausgegeben vom

Deutschen Richterbund

Zivilsachen — Band 125

1 9 3 0

München, Berlin und Leipzig

J. Schweitzer Verlag (Arthur Sellier).

Printed in Germany

Druck von Dr. F. P. Datterer & Cie., Freising-München

Von dieser Sammlung erschienen folgende Bändchen:

I. Zivilsachen:	Bd.	76—100 . .		je RM.	0.80
	„	101—109 . . .		je RM.	1.—
	„	110—124 . .		je RM.	2.—
Serien:	„	76—124	mit Reg. 83—119	zus. RM.	49.—
	„	81—124	mit Reg. 83—119	zus. RM.	46.—
	„	91—124	mit Reg. 83—119	zus. RM.	38.—
	„	101—124		zus. RM.	33.—
Gesamtregister zu Band		83—119 . . .		RM.	6.—
II. Strafsachen:	Bd.	45—55 . .		je RM.	0.80
	„	56—58 . .		je RM.	1.—
	„	59—62 . .		je RM.	2.—
Serie:	„	45—62 mit			
Gesamtregister zu Band		45—60 . .		zus. RM.	19.—
Gesamtregister zu Band		45—60 . . .		RM.	3.70

Jedes Bändchen entspricht einem Bande der amtlichen Sammlung.

1. **Offizierspension. Kürzung. Ruhen. Öffentliche Mittel.** (RBeamtG. § 57; OffPensG. § 24; 9. ErgzBesG. Art. 2, 11.) Ein Offizier, der mit Ruhegehalt verabschiedet war, fand Anstellung bei einer Provinzial-Lebensversicherungsanstalt. Das Versorgungsamt kürzte ihm sein Ruhegehalt. Seine Klage auf Zahlung des vollen Ruhegehalts hatte keinen Erfolg. Das Recht auf den Bezug einer Pension ruht, solange ein Pensionär aus der Verwendung in Reichsdienst oder in einem sonstigen öffentlichen Dienst ein Diensteinkommen bezieht, insoweit, als der Betrag dieses neuen Diensteinkommens unter Hinzurechnung der Pension den Betrag des von dem Beamten im Zeitpunkt des Ausscheidens aus dem Dienste bezogenen Diensteinkommens übersteigt. Die Provinzial-Lebensversicherungsanstalt war eine Persönlichkeit des öffentlichen Rechts; der Kläger war also im öffentlichen Dienst verwendet. Die Bezüge, die er erhielt, waren als ein Diensteinkommen anzusehen; aus welchen Mitteln sie herrühren, war ohne Belang. (III, 28. Mai 1929.)

Amtl. Sammlg. S. 1—3.

2. **Mietzins in ausländischer Währung. Aufwertung. Valutaspekulation. Heilung der Nichtigkeit.** (BGB. §§ 121, 242; RMietG. § 1.) Über ein Haus in Berlin wurde im Juni 1923 ein Mietvertrag abgeschlossen, wonach der Mietzins jährlich in Reichsmark den Gegenwert von 2000 Dollars nordamerikanischer Währung betragen sollte; außerdem sollte der Vermieter aus dem Reingewinn des amerikanischen Geschäfts des Mieters jährlich 6000 Dollars erhalten. Bis zum Juni 1924 wurden beide Beträge in Dollars bezahlt. Auf Verlangen des Vermieters setzte das Mieteinigungsamt im Jahre 1924 die Friedensmiete auf 66 000 Reichsmark fest; von da an wurde die gesetzliche Miete gezahlt. Vom 1. April 1927 an verlangte der Vermieter die angemessene Miete, während der Mieter nur 32 000 Reichsmark zu zahlen bereit war. Die Klage auf Erhöhung hatte keinen Erfolg. Das Berufungsgericht hatte angenommen, daß, wenn auch zwei Verträge abgeschlossen worden seien, der Mietzins doch einheitlich auf 8000 Dollars bemessen und in dieser ganzen Höhe effektiv zu zahlen gewesen sei. Das widersprach allerdings dem Wortlaut der Verträge; das Revisionsgericht war aber an diese Auslegung gebunden,

da sie mit Rücksicht auf die Vorgänge möglich war und keine gesetzlichen Auslegungsregeln verletzte. Zur Zeit des Vertrags war die Valutaspekulationsverordnung vom 8. Mai 1923 in Geltung, die das Fordern, Anbieten, Ausbedingen, Leisten und Annehmen von Zahlungen in Zahlungsmitteln oder Forderungen in ausländischer Währung bei Inlandsgeschäften verbot; hiegegen verstoßende Geschäfte waren nichtig. Mit Rücksicht hierauf war die Zahlung der Miete in Reichsmark vereinbart worden. Nach der Auslegung, die das Berufungsgericht dem gesamten Rechtsgeschäft gab, war es nichtig. Ob diese Nichtigkeit durch die späteren Verordnungen, insbesondere durch die Verordnung vom 22. Februar 1927, die alle Devisenvorschriften aufhob, geheilt wurde, konnte dahingestellt bleiben. Keine der beiden Parteien hatte sich auf die Nichtigkeit des Geschäfts berufen; daraus ergab sich, daß sie es gelten lassen wollten. In diesem klar zutageliegenden Willen war eine Bestätigung des ursprünglich nichtigen Geschäfts zu finden. Eine Aufwertung des Mietzinses konnte nicht verlangt werden, weil es sich um eine in ausländischer Währung fortgesetzte Forderung handelte, die dem Währungsverfall nicht ausgesetzt war. Allerdings hatte der Dollar zur Zeit des Vertragsabschlusses eine ungewöhnlich hohe Kaufkraft; wenn der Kläger davon ausging, daß hierin keine Wandlung eintreten werde, verrechnete er sich allerdings, das übernommene Risiko ging aber zu seinen Lasten. Die Parteien hatten ihre Vereinbarung gerade geschlossen, um einem etwaigen weiteren Verfall der Währung, der zur Zeit des Vertragsabschlusses schon weit vorgeschritten war, zu begegnen, ihm den Einfluß auf das Vertragsverhältnis zu nehmen, die Leistungen aus dem Vertrag auf eine feste, in ihrem Wert unveränderliche Grundlage zu stellen; damit übernahm sie ein Risiko für die spätere Zeit, das zugunsten wie zu ungunsten einer jeden von ihnen wirken konnte. Wenn auch die Kaufkraft des Dollars zurückging, so blieb der Wert der beim Vertragsschluß festgesetzten Forderung für beide Teile derselbe; er betrug nach wie vor 8000 Dollar. (VIII, 30. Mai 1929.)

Amtl. Sammlg. S. 3—7.

3. **Unfallversicherung. Faltboot. Verkehrsmittel. Fahrgast.** (BGB. §§ 157, 242.) Ein Versicherungsver-

trag umfaßte die Versicherung für Unfälle, die den Versicherten als Fahrgast eines öffentlichen oder privaten Verkehrsmittels treffen würden; auf Sport und das Lenken von Kraftfahrzeugen sollte sich die Versicherung nicht erstrecken. Auf Grund der Behauptung, daß der Versicherte bei einer Fahrt in einem Faltboot ertrunken sei, wurde auf Zahlung der Versicherungssumme geklagt. Die Klage wurde in allen Rechtszügen abgewiesen. Nach dem gewöhnlichen Sprachgebrauch und der Verkehrsauffassung hat man unter einem Verkehrsmittel einen Gegenstand zu verstehen, der üblicherweise der Verbringung von Personen von einer Örtlichkeit zur anderen (wenn auch nur, wie beim Personenaufzug, von einem Stockwerk zum anderen) dient und nicht rein zu Sportszwecken verwendet wird; der Zweck der Beförderung, ob wirtschaftliche Notwendigkeit oder bloß Vergnügen, ist gleichgültig. Diese Merkmale konnte auch ein Faltboot erfüllen. Die Frage konnte aber auf sich beruhen, da der Versicherte jedenfalls nicht als Fahrgast anzusehen war. Er hatte zur Zeit des Unfalls sein eigenes, von ihm für seine eigenen Zwecke und zu persönlicher Verwendung angeschafftes und regelmäßig von ihm selbst gefahrenes Faltboot benützt, das er gemeinsam mit einer anderen Person selbst ruderte. Nach allgemeinem Sprachgebrauch und nach der Verkehrsauffassung war er nicht Fahrgast; dieser Begriff deutet auf ein gewisses Fernerstehen zu dem Verkehrsmittel und seiner Benutzung, auf ein gewisses Verhältnis des Fremdseins hin. Maßgebend ist der Gegensatz zu dem Halter eines Verkehrsmittels, der dieses für eigene Rechnung im Gebrauch hat und die Verfügungsgewalt darüber besitzt, während der Fahrgast die von dem Halter oder auf dessen Veranlassung mit dem Verkehrsmittel beförderte Person ist, der die Benutzung oder Mitbenutzung entgeltlich oder unentgeltlich gestattet wird. Daß der Fahrgast sich untätig verhält, ist nicht notwendig; andernfalls würden auf einem Segelboot mitgenommene Personen, die sich beim Segelsetzen beteiligten, nicht Fahrgast sein, wohl aber der Eigentümer eines Kraftwagens, der sich von seinem Angestellten fahren ließe. Die Abgrenzung mag in einzelnen Fällen tatsächliche Schwierigkeiten bieten; wer aber in eigenem Faltboot fährt, dieses selbst rudert und einen anderen mitnimmt, ist selbst keinesfalls Fahrgast, sondern das ist nur der andere. (VII, 31. Mai 1929.) Amtl. Sammlg. S. 7—11.

4. **Reichs-Wasserstraßen. Hafenpolizei. Staatshaftung.** (RVerf. Art. 131; PrStaatshaftG. § 4; Staatsvertrag betr. den Übergang der Wasserstraßen von den Ländern auf das Reich §§ 1, 11, 12.) Im Pregel sank ein Schlepper. Auf sein Wrack fuhr ein Dampfer auf und beschädigte es. Die Versicherungsgesellschaft, die für den Schaden aufzukommen hatte, klagte gegen das Reich auf Ersatz mit der Begründung, daß der Schaden durch Amtspflichtverletzung der Hafenpolizeibeamten verursacht worden sei. Das Reich machte geltend, daß für Amtspflichtverletzungen der preußischen Hafenpolizeibeamten das Land Preußen hafte. In zwei Rechtszügen wurde die Klage abgewiesen. Das Land Preußen, das sich der Klage angeschlossen hatte, legte ohne Erfolg Revision ein. Wenn ein Beamter in Ausübung der ihm anvertrauten öffentlichen Gewalt die ihm einem Dritten gegenüber obliegende Amtspflicht verletzt, trifft die Verantwortlichkeit den Staat oder die Körperschaft, in deren Dienst der Beamte steht. Die Haftung hängt hienach grundsätzlich von dem Anstellungsakt ab; die Ernennung des Beamten entscheidet darüber, in wessen Dienst er steht und wer deshalb für seine Amtsvergehen einzutreten hat. Unberücksichtigt bleibt, wessen Hoheitsrechte der Beamte im einzelnen Falle ausgeübt hat. Der Pregel gehört zu den Wasserstraßen, die auf das Reich übergegangen sind; für die Verwaltung dieser Wasserstraßen ist bestimmt, daß die Zuständigkeit der Landeszentralbehörden seit dem 1. April 1921 dem Reich zukommt, während die Verwaltung durch die mittleren und unteren Behörden des Landes auf Kosten des Reichs und unter Leitung des Reichsverkehrsministeriums erfolgt. Hienach ist die Hafenpolizeiverwaltung in Königsberg eine mit der Erfüllung von Reichsaufgaben betraute preußische Behörde; die ihr angehörigen Beamten werden von der preußischen Landesregierung ernannt und haben nur kraft des Dienstverhältnisses, in dem sie zu Preußen stehen, das Recht und die Pflicht, Hoheitsrechte des Reichs auszuüben. Daß die Ernennung der für das Reich ausschließlich oder überwiegend tätigen Beamten nur mit Zustimmung des Reichsverkehrsministeriums erfolgen kann, macht sie nicht zu Beamten, die im Dienste des Reichs stehen. Ob

die Aufwendungen, welche die Länder für Verfehlungen solcher Beamter machen müssen, zu den Kosten gehören, die nach dem Übergangsvertrag das Reich zu tragen hat, konnte dahingestellt bleiben; die Haftung der Länder nach außen wird dadurch nicht berührt. (III, 31. Mai 1929.)

Amtl. Sammlg. S. 11—17.

Vgl. Bd. 84 S. 34; Bd. 88 S. 257; Bd. 92 S. 242; Bd. 100 S. 190; Bd. 104 S. 257; Bd. 110 S. 349; Bd. 111 S. 13; Bd. 115 S. 54.

5. Ruhegehalt. Kürzung. Ruhen. Rentenbank. Öffentliche Mittel. Aufsichtsrat. (PrPensG. § 27.) Ein früherer preußischer Minister bezog als Vorsitzender des Aufsichtsrats der Deutschen Rentenbank von dieser eine Vergütung. Mit Rücksicht hierauf wurde sein Ruhegehalt verkürzt. Seine Klage wurde in allen Rechtszügen abgewiesen. Nach dem preußischen Pensionsgesetz ruht das Recht auf den Bezug von Pensionen, wenn und solange ein Pensionär aus Verwendung im öffentlichen Dienst ein Diensteinkommen bezieht; als Verwendung im öffentlichen Dienst gilt jede Tätigkeit, für die eine Vergütung gewährt wird, die ganz oder zum Teil unmittelbar oder mittelbar aus öffentlichen Mitteln fließt. Der Geschäftsgang der Rentenbank ist durch die mittels staatlichen Zwangs beschafften Mittel in Lauf gebracht worden und wird durch sie getragen; die von der Rentenbank gewährten Vergütungen sind daher als aus öffentlichen Mitteln gespeist anzusehen. Ob die Grundschuldbelastung zugunsten der Rentenbank im letzten Grund auf ein freiwilliges Erbieten gewisser Wirtschaftskreise zurückzuführen war, verschlug nichts, nachdem diese Belastungen zwingend auferlegt worden sind. Der Aufsichtsratsvorsitzende ist ein wesentliches Organ der Rentenbank, nicht eine von ihr gesonderte und über ihr stehende Behörde; seine Tätigkeit ist also als eine solche im Dienst der Rentenbank anzusehen. (III, 4. Juni 1929.) Amtl. Sammlg. S. 17—19.

Vgl. Bd. 115 S. 212; Bd. 119 S. 209.

6. Hypothekaufwertung. Rangvorbehalt. (AufwG. §§ 7, 21.) Auf einem Grundstück waren zwei Darlehenshypotheken zu 20000 Mark und 25000 Mark aus dem Jahr 1901 eingetragen. Der Gläubiger trat sie im Januar 1923 ab; der Erwerber hatte das Grundstück gekauft und ließ, nachdem er als Eigentümer eingetragen war, die

Hypotheken löschen. Nach dem Inkrafttreten des Aufwertungsgesetzes beantragte der frühere Gläubiger die Wiedereintragung der kraft Rückwirkung aufgewerteten Hypotheken. Das Grundbuchamt gab dem Antrag statt, schob aber zwischen den beiden Hypotheken einen Rangvorbehalt zugunsten des Eigentümers in der Höhe von 5000 Reichsmark ein. Die Beschwerde des Gläubigers wurde zurückgewiesen. Das Kammergericht wollte auch die weitere Beschwerde zurückweisen, legte aber wegen einer abweichenden Entscheidung des Oberlandesgerichts Rostock die Sache dem Reichsgericht vor. Dieses trat der Auffassung des Kammergerichts bei. Es handelte sich um Aufwertung zugunsten der früheren Gläubigerin abgetretener Hypotheken; dafür, daß die Vorschriften des Gesetzes hierüber nicht anzuwenden wären, wenn der neue Gläubiger die Hypotheken als Eigentümer des Grundstücks vor dem Inkrafttreten des Aufwertungsgesetzes zur Löschung gebracht hat, bieten weder der Wortlaut noch der Zweck des Gesetzes eine genügende Handhabe. Es würde vielmehr der inneren Rechtfertigung entbehren und müßte willkürlich erscheinen, den Aufwertungsanspruch des früheren Gläubigers inhaltlich davon abhängig zu machen, welches die späteren Schicksale des abgetretenen Rechts nach der Abtretung gewesen sind. Zwar war für den neuen Gläubiger, da er auch Grundstückseigentümer geworden war und in dieser Vereinigung die Hypotheken durch Herbeiführung der Löschung aufgegeben hatte, keine Aufwertungsmöglichkeit erwachsen; aber die Vorschrift des § 21 Abs. 2 AufwG. blieb anwendbar für das Rangverhältnis zwischen dem Aufwertungsanspruch des Beschwerdeführers als früheren Hypothekgläubigers und den dem Aufwertungsanspruch des neuen Gläubigers, wie er erwachsen sein würde und zu unterstellen war, im Rang gleichstehenden oder nachgehenden Rechten. Infolge des Aufwertungsgesetzes lebte auch eine den angegebenen Hypotheken nachstehende Hypothek wieder auf; daß diese infolge Befriedigung der Aufwertungsansprüche nicht eingetragen wurde, beeinträchtigte nicht ihre Berücksichtigung für den Tag des Inkrafttretens des Aufwertungsgesetzes (15. Juli 1925) als maßgebenden Zeitpunkt. Diesen Aufwertungsansprüchen gingen die Aufwertungsbeträge des Beschwerdeführers, nachdem er seine Hypotheken abgetreten hatte, im Range nach. Ein Anspruch, die beiden Aufwertungsrechte als einheitliches, an erster Stelle eingetragenes Recht im Sinne des § 7 Abs. 1 Satz 3 AufwG. zu behandeln, bestand also nicht; vielmehr war die getrennte Behandlung geboten und demzufolge auch die Einschaltung eines Rangvorbehalts zugunsten des Grundstückseigentümers zwischen den beiden Aufwertungshypotheken gerechtfertigt. (V, 5. Juni 1929.) Amtl. Sammlg. S. 19—24.

7. **Zwangsversteigerung. Gläubigermehrheit. Einstweilige Einstellung. Haftung des Vollstreckungsgerichts.** (ZVG. §§ 9, 27, 30, 31, 49, 52.) Auf Betreiben dreier Gläubiger wurde die Zwangsversteigerung eines Grundstücks angeordnet. Auf Ersuchen des Eigentümers bewilligten die Gläubiger die vorläufige Einstellung des Verfahrens. Einer der Gläubiger beantragte die Fortsetzung. Das Gericht beschloß sie; der Mitteilung an die Eigentümer des Grundstücks fügte es bei, daß das Verfahren, soweit es von den anderen Gläubigern betrieben werde, einstweilen eingestellt sei. Nach einer Woche bewilligte der betreibende Gläubiger neuerdings die einstweilige Einstellung. Das Gericht beschloß die Aufhebung des Verfahrens, soweit es von diesem Gläubiger betrieben wurde; im übrigen wurde das Verfahren fortgesetzt. Das Grundstück wurde zu einem Preis zugeschlagen, der erheblich hinter dem Wert zurückblieb. Die Eigentümer klagten gegen den Staat auf Schadenersatz mit der Begründung, daß sie durch die Mitteilung, das Verfahren sei aufgehoben, in den Glauben versetzt worden seien, der Versteigerungstermin werde nicht abgehalten. Die Klage wurde in zwei Rechtszügen abgewiesen; das Reichsgericht verwies die Sache zurück. „Wenn ein Zwangsversteigerungsverfahren auf Grund einer von sämtlichen Gläubigern erteilten Bewilligung einstweilen eingestellt worden ist, muß es auf Antrag auch nur eines Gläubigers fortgesetzt werden. Streitig ist, welche Stellung in diesem Fall die Gläubiger einnehmen, die den Fortsetzungsantrag nicht gestellt haben. Nach der einen Ansicht fällt die einstweilige Einstellung für alle Gläubiger weg und das Verfahren wird für sie alle fortgeführt. Nach der anderen Ansicht geht das Verfahren nur für den Gläubiger weiter, der die Fortsetzung beantragt hat. Das Verfahren des Vollstreckungsrichters war von dem einen wie von dem anderen

Standpunkt aus falsch. Wirkte der Fortsetzungsantrag des einen Gläubigers auch zugunsten der beiden anderen Gläubiger, so durfte das Gericht den Eigentümern nicht mitteilen, daß das Verfahren, soweit es von diesen Gläubigern betrieben wurde, einstweilen eingestellt sei; wirkte es nur zugunsten des einen Gläubigers, so durfte, nachdem das von ihm betriebene Verfahren aufgehoben war, die Versteigerung nicht mehr abgehalten werden. Das Berufungsgericht hatte zu der Streitfrage keine Stellung genommen und die Klage mit der Begründung abgewiesen, daß die Kläger, auch wenn ihnen die Mitteilung nicht zugegangen wäre, doch die Versteigerung des Grundstücks nicht hätten abwenden können. Damit war aber noch nicht dargetan, daß es auch dann an einer Schädigung der Kläger fehlte, wenn der Vollstreckungsrichter unzulässigerweise die Versteigerung vornahm. In diesem Falle hätte eine Schädigung der Kläger nur dann verneint werden können, wenn entweder der Versteigerungserlös ihnen einen völligen Ausgleich für den Verlust des Grundstücks gewährt hätte oder wenn die Versteigerung demnächst doch hätte stattfinden müssen und auch dann keinen höheren Erlös gebracht hätte. Demgemäß hätte das Berufungsgericht feststellen müssen, wie bei gegebener Sachlage ordnungsmäßig zu verfahren gewesen wäre. Die Zurücknahme des Versteigerungsantrags in einem von mehreren Gläubigern betriebenen Verfahren kann nicht nur durch alle betreibenden Gläubiger gemeinsam erfolgen, vielmehr ist jeder von ihnen berechtigt, seinen Antrag zurückzunehmen, um damit aus dem Kreise der betreibenden Gläubiger auszuscheiden. Diese selbständige Stellung der einzelnen Gläubiger zwingt dazu, den Fall der einstweiligen Einstellung nicht anders zu behandeln, als den der Zurücknahme des Versteigerungsantrags. Der von der einstweiligen Einstellung betroffene Gläubiger scheidet damit zwar nicht dauernd und in vollem Umfang aus dem Verfahren aus; das Verfahren ruht für ihn, während die Beschlagnahme mit ihren Wirkungen zu seinen Gunsten bestehen bleibt. Diese geminderte verfahrensrechtliche Stellung kann er jederzeit wieder in die eines vollberechtigten Gläubigers verwandeln, indem er die Fortsetzung des Verfahrens beantragt. Ob diese Rechtsänderung eintreten soll, bleibt seiner freien Entschließung überlassen; durch Anträge der anderen Gläubiger kann sie ihm nicht aufgezwungen werden. Die im Schrifttum oft betonte Einheitlichkeit des Zwangsversteigerungsverfahrens setzt das voraus, was erst bewiesen werden soll. Das Verfahren läßt sich auch ohne Beteiligung der von einer einstweiligen Einstellung betroffenen Gläubiger unschwer durchführen. Wenn der Gläubiger, für den das Verfahren ruht, im Grundbuch eingetragen ist und wenn er außerdem dem das Verfahren fortsetzenden Gläubiger vorgeht, bleibt sein Recht bestehen; folgt er dem betreibenden Gläubiger nach, so fällt sein Anspruch nicht mehr in das geringste Gebot, ein Ergebnis, das auch vom Standpunkt der Gegenmeinung aus einträte. Die Ansprüche persönlicher Gläubiger, für die das Verfahren eingestellt ist, müssen allerdings dann in das Bargebot aufgenommen werden, wenn sie dem fortsetzenden Gläubiger vorgehen; der auf sie entfallende Betrag muß dann gegebenenfalls hinterlegt werden. Sie gelten, da ihnen die Beschlagnahmewirkungen nach wie vor zur Seite stehen, weiter als Beteiligte, sind von allen Beschlüssen und Verfügungen des Vollstreckungsgerichts in Kenntnis zu setzen und können jederzeit die Fortsetzung des Verfahrens beantragen; nur aufgezwungen darf ihnen diese Stellung nicht werden. Demgemäß ließ es sich nicht rechtfertigen, ein Grundstück zu versteigern, obwohl von den betreibenden Gläubigern der eine den Versteigerungsantrag zurückgenommen, die beiden anderen die Einstellung des Verfahrens bewilligt hatten. Ob ein Verschulden des Vollstreckungsgerichts vorlag, war noch zu prüfen. An sich kann einem Richter, der in einer umstrittenen, durch höchstrichterliche Entscheidung noch nicht geklärten Frage der einen, von höheren Gerichten und erkannten Rechtslehrern vertretenen Meinung folgt, daraus kein Vorwurf gemacht werden, wenn seine Meinung schließlich im Rechtsstreit nicht die Billigung der höchsten Instanz findet. Im vorliegenden Fall genügte aber diese Erwägung nicht, um das Vollstreckungsgericht zu entlasten. Es hatte zunächst angenommen, daß der Fortsetzungsantrag des einen Gläubigers die einstweilige Einstellung des von den anderen Gläubigern betriebenen Verfahrens nicht berühre, dann aber diesen Standpunkt verlassen und die Versteigerung trotz

Aufhebung des von diesen Gläubigern betriebenen Verfahrens vorgenommen. Wenn es seine Ansicht ohne genügende sorgfältige Prüfung der Rechtslage wechselte, lag darin ein Verschulden; auf diesem Verschulden beruhte die unzulässige Versteigerung des Grundstücks, so daß diese selbst als schuldhafte Amtspflichtverletzung bezeichnet werden mußte. War das Vollstreckungsgericht zu seiner veränderten Stellungnahme auf Grund erneuter Vertiefung in Rechtsprechung und Schrifttum gelangt, so gereichte ihm zwar die Vornahme der Versteigerung selbst nicht zum Vorwurf; es hätte aber dann des Irrtums über die Sachlage gedenken sollen, den es in den Klägern durch die frühere Mitteilung erweckt hatte oder doch erweckt haben konnte und seine Pflicht wäre es gewesen, die Kläger von der Änderung seiner Auffassung zu benachrichtigen. In der Unterlassung dieser Benachrichtigung lag eine schuldhafte Amtspflichtverletzung. (III, 7. Juni 1929.) Amtl. Sammlg. S. 24—33.

Vgl. Bd. 89 S. 426.

8. **Berufungsbegründung.** (ZPO. § 519.) Gegen ein Urteil war von dem Beklagten Berufung eingelegt worden; der Schriftsatz enthielt nur die Erklärung, daß Berufung eingelegt werde, mit dem Antrag die Klage abzuweisen. Eine weitere Begründung erfolgte nicht. Das Gericht verwarf die Berufung als unzulässig. Die Revision des Beklagten hatte Erfolg. Die Berufungsbegründung muß die Erklärung enthalten, daß das Urteil angefochten wird und welche Abänderungen beantragt werden. Ein genau gefaßter Antrag ist hierzu nicht erforderlich; es genügt, wenn aus den übrigen sachlichen Ausführungen die Berufungsbegründung hervorgeht. Nur wenn der Berufungskläger neuen Streitstoff in Form neuer Tatsachen, Beweismittel oder Beweiseinreden in den Prozeß einführen will, muß er durch die Berufungsschrift oder Berufungsbegründung dies ankündigen. Falls nichts derartiges erklärt wird, so ergibt sich ohne weiteres, daß eine Nachprüfung des ersten Urteils nach der tatsächlichen und rechtlichen Seite verlangt wird. (VII, 11. Juni 1929.) Amtl. Sammlg. S. 33—37.

Vgl. Bd. 109 S. 90.

9. **Ausgleichsanspruch. Treu und Glauben. Aufwertung. Schuldverschreibungssteuer.** (BGB. § 242; 3. St.-

RVO. § 18; AufwG. § 38.) Eine Aktiengesellschaft veräußerte im April 1922 ein Grundstück an eine andere Aktiengesellschaft. Es war mit Anleihehypotheken aus der Zeit vor dem Krieg in der Höhe von 2 Millionen Mark belastet. Der Kaufpreis wurde auf 3 Millionen Mark festgesetzt; er wurde alsbald beglichen. Das Grundstück wurde umgeschrieben; der Vertreter der Anleihegläubiger bewilligte die Löschung der Hypothek. Es wurde auf Ausgleich geklagt mit der Begründung, daß das Grundstück einen Wert von einer Million Reichsmark habe, während der gezahlte Kaufpreis nur 50000 Goldmark betragen habe; der Anspruch wurde auch darauf gestützt, daß von der Klägerin an die Gläubiger der Anleihehypothek eine Aufwertung von rund 4670 Reichsmark gezahlt und daß auf Grund der 3. StNVO. eine Schuldverschreibungssteuer von rund 177000 Reichsmark eingefordert worden sei. In zwei Rechtszügen wurde die Klage abgewiesen. Die Revision der Klägerin hatte Erfolg. Als leitender Rechtsgedanke für die Zubilligung eines Ausgleichungsanspruchs ist, daß es bei erheblichem Mißverhältnis zwischen Leistung und Gegenleistung gegen Treu und Glauben verstieße, wenn der Erwerber des Grundstücks den Veräußerer an einem Vertrag festhalten wollte, der durch die Aufwertungsgesetzgebung überholt ist. Auf den an die Anleihegläubiger gezahlten Aufwertungsbetrag fand dieser Grundsatz ohne weiteres Anwendung; doch war dieser Betrag zu geringfügig, um an sich eine Ausgleichspflicht der Beklagten zu rechtfertigen. Die Berücksichtigung der Schuldverschreibungssteuer hatte das Berufungsgericht mit der Begründung abgelehnt, daß die Überwälzung einer Steuer nur dann zulässig sei, wenn das Gesetz sie ausdrücklich zuließe. Mit solchen formalen Erwägungen kann man aber den zahlreichen und schwierigen Aufgaben nicht gerecht werden, vor welche der Währungsverfall und dann die Festigung der Mark die Gerichte gestellt hat. Bei der Lösung dieser Fragen müssen vielmehr neben den rein rechtlichen auch wirtschaftliche Gesichtspunkte beachtet werden, wenn ein billiger und gerechter Ausgleich der widerstreitenden Belange der Parteien gefunden werden soll. Hiefür bietet § 242 BGB. die gesetzliche Handhabe, der dem billigen Ermessen des Richters einen weiten Spielraum läßt und ihn in der Regel in den

Stand setzen wird, unbillige Entscheidungen zu vermeiden. Insoweit freilich, als dem Richter durch bestimmte gesetzliche Vorschriften die Hand gebunden ist, ist dieser Weg der Abhilfe verschlossen; denn auch der etwa für fehlerhaft zu erachtende Gesetzesbefehl ist Gesetz und als solches verbindlich. Beim Abschluß des Kaufvertrags, zu einer Zeit, da der Satz „Mark gleich Mark" noch in Geltung und von einer Aufwertung keine Rede war, gingen beide Teile davon aus, daß der vereinbarte Kaufpreis für die Klägerin nach Wegfertigung der Hypothek einen Gewinn ergeben werde. Diese Geschäftsgrundlage wurde durch die Aufwertungsgesetzgebung zerstört; die Klägerin hatte infolge dieser nicht vorausgesehenen Gesetzesänderung einen Aufwertungsbetrag von rund 4670 Reichsmark und eine Schuldverschreibungssteuer von rund 177000 Reichsmark zu zahlen, wovon auf das Grundstück anteilmäßig rund 136000 Reichsmark entfielen. Die Beklagte war also in einer Zeit, in der die große Mehrzahl der Volksgenossen verarmte, mit einem Aufwand von rund 50000 Goldmark in den Besitz eines Grundstücks gelangt, dessen Wert eine Million Reichsmark betrug, hatte also mühelos einen Zufallsgewinn von 950000 Reichsmark eingestrichen. Dieses Ergebnis entsprach dem allgemeinen Volksempfinden so wenig wie dem bestehenden Recht. Die an das Reich zu zahlende Schuldverschreibungssteuer war unbedenklich einem an die Gläubiger zu zahlenden Aufwertungsbetrag gleichzusetzen. Durch die 3. StNVO. wurden die Ansprüche aus Vermögensanlagen grundsätzlich auf 15% ihres Goldmarkbetrags abgewertet; von den hiernach den Gläubigern entzogenen und den Schuldnern erlassenen 85% der Schuld nahm aber das Reich, soweit die Vermögensanlagen in Schuldverschreibungen verbrieft waren, einen Bruchteil als Geldentwertungsausgleich in Anspruch. Die Steuer trat an die Stelle eines ersparten Teils der Hauptschuld; einen Teil des dem Gläubiger entzogenen Schuldbetrags mußte der Schuldner nunmehr statt an den Gläubiger an das Reich abführen. Daß nur in unlösbarem Zusammenhang mit der Abwertung Raum für die Schuldverschreibungssteuer geschaffen worden ist, ergibt sich schon daraus, daß diese regelmäßig 2% des um den Aufwertungsbetrag verminderten Goldmarkbetrags der Schuldverschreibungen beträgt und daß sie sich, soweit die Schuldverschreibungen getilgt sind, um den Betrag erhöht, um den der Goldwert des zur Tilgung aufgewendeten Betrags hinter dem Aufwertungsbetrag zurückbleibt. Es fehlt hiernach ein jeder Rechtsgrund, die einfache und die erhöhte Steuer hinsichtlich des Ausgleichungsanspruchs verschieden zu behandeln; beide werden unter Berücksichtigung des Aufwertungsbetrages berechnet, mag dies auch bei der erhöhten Steuer stärkere Wirkung haben. Auch das Aufwertungsgesetz hält daran fest, daß die Schuldverschreibungssteuer wirtschaftlich betrachtet ein Aufwertungsbetrag ist, der statt an den Gläubiger an das Reich zu zahlen ist. Schon die alte Rechtsprechung des Reichsgerichts hatte übrigens für den Fall, wo durch die nach Vertragsschluß erfolgte Abänderung eines Steuergesetzes die Leistung des Verkäufers sich wesentlich erhöht hatte und dadurch die Geschäftsgrundlage erschüttert worden war, nach preußischem Recht dem Verkäufer einen Ausgleichsanspruch gegenüber dem Käufer zugebilligt. Eine den Belangen beider Parteien gerecht werdende und damit dem § 242 BGB. entsprechende Entscheidung des Rechtsstreits hatte eine umfassende Aufklärung aller Umstände des Falles zur Voraussetzung; namentlich waren der gegenwärtige Wert des verkauften Grundstücks und das Verhältnis seines Wertes zum Werte des der Klägerin verbliebenen Restgrundstücks, soweit dieses mit der Anleihehypothek belastet war, zu ermitteln. Dabei war, soweit nicht besondere Umstände ein abweichendes Verfahren rechtfertigten, die Umrechnung der Papiermarkzahlungen nicht über den Dollarkurs oder nach der Tabelle zum Aufwertungsgesetz, sondern nach der Kaufkraft der Mark auf dem Inlandsmarkt zu den Zahlungszeiten vorzunehmen. Auch der an sich unerhebliche Aufwertungsbetrag von rund 4760 Reichsmark war zu berücksichtigen, wenn nicht die Klägerin insoweit auf Grund des Erlasses des Reichsfinanzministers vom 22. August 1925 Erstattung der gezahlten Schuldverschreibungssteuer erwirkt hatte. Daß die Klägerin die persönliche Haftung für die Anleiheschuld durch geringfügige Zahlungen ledig wurde und den Rest ihres Grundbesitzes hypothekenfrei stellen konnte, war zu ihren Ungunsten zu werten; doch konnte hierbei nicht unberücksichtigt bleiben, ob sie den ihr dadurch zugeflossenen Zufallsgewinn ganz oder teilweise wieder einbüßte. (VI, 13. Jan. 1929.) Amtl. Sammlg. S. 37—48. Vgl. Bd. 22 S. 81; Bd. 112 S. 334; Bd. 121 S. 141, 172.

10. Ausgleichsanspruch. Treu und Glauben. Aufwertung. (BGB. § 242; AufwG. § 20.) Auf einem Anwesen ruhte eine Darlehenshypothek von 125000 Mark und eine Restkaufgeldhypothek von 75000 Mark. Im Januar 1923 wurde ein Teil des Anwesens verkauft; der Kaufpreis, der 1500000 Mark betrug, wurde sofort bar bezahlt. Am 30. Juni 1923 wurde der Käufer als Eigentümer eingetragen. Die Hypothekgläubiger entließen das verkaufte Grundstück ohne Gegenleistung aus der Pfandhaft. Der Verkäufer behauptete, für die Aufwertung der Hypotheken rund 30000 Goldmark verwendet zu haben, wovon nach dem sich aus den Steuerwerten ergebenden Verhältnissen der beiden Grundstücksteile auf den verkauften Teil 12250 Goldmark entfielen; da außerdem der gezahlte Kaufpreis nur 700 Goldmark ausmachte, wurde eine Erhöhung um 8000 Reichsmark verlangt. In zwei Rechtszügen wurde die Klage abgewiesen. Die Revision des Klägers hatte Erfolg. Das Berufungsgericht war von der Rechtsprechung des Reichsgerichts ausgegangen, wonach dem Veräußerer eines Grundstücks wegen der ihn treffenden Pflicht zur Aufwertung hypothekarisch gesicherter oder gesichert gewesener Forderungen unter Umständen ein Ausgleichsanspruch gegen den Grundstückserwerber zusteht; es hatte aber für den gegebenen Fall das Vorliegen eines solchen Anspruchs verneint, weil die Lastenfreiheit des vom Beklagten erworbenen Grundstücks nicht durch Papiermarkzahlung, sondern zufolge des Verzichts der Gläubiger hergestellt worden und darum keine scheinbare, sondern eine endgültige gewesen sei. Diese Besonderheit bot aber keinen Anlaß zu einer abweichenden rechtlichen Beurteilung gegenüber den bisher in der reichsgerichtlichen Rechtsprechung entschiedenen Fällen. Der für die Zubilligung des Ausgleichsanspruchs leitende Rechtsgedanke ist, daß es bei erheblichem Mißverhältnis zwischen Leistung und Gegenleistung gegen Treu und Glauben und damit gegen den das Recht der Schuldverhältnisse beherrschenden Grundsatz des § 242 BGB. verstieße, wenn der Erwerber des Grundstücks den Veräußerer an einem Vertrage festhalten wollte, der durch die Aufwertungsgesetzgebung überholt ist. Wenn durch diese Gesetzgebung das

Gleichwertigkeitsverhältnis zwischen Leistung und Gegenleistung und damit die Geschäftsgrundlage erheblich erschüttert ist, muß sich der Erwerber gemäß § 242 BGB. zu einer Änderung des Inhalts des Vertrags bereit finden, den die Parteien unter der Herrschaft einer später von Grund aus geänderten Rechtslage im Vertrauen auf deren Fortbestand geschlossen hatten. Beim Abschluß des Kaufvertrags, der zu einer Zeit zustande kam, als noch allgemein der Satz „Mark gleich Mark" in Geltung und von einer Aufwertung keine Rede war, gingen beide Vertragsteile davon aus, daß der vereinbarte Kaufpreis nicht nur zur Deckung der von den Klägern zur Alleinhaftung auf das ihnen verbleibende Restgrundstück übernommenen Hypothekforderungen ausreichen, sondern daß den Klägern auch noch ein erheblicher Überschuß verbleiben würde. Diese Geschäftsgrundlage wurde durch die Aufwertungsgesetzgebung zerstört; die Kläger hatten den Grundstücksteil nicht nur umsonst hingegeben, sie mußten auch noch den ganzen Aufwertungsbetrag aus dem Restgrundstück decken. Dadurch wurde ein unbilliges Mißverhältnis zwischen Leistung und Gegenleistung herbeigeführt. Schon daraus ergab sich, daß es für die Frage der Zubilligung des Ausgleichsanspruchs keinen Unterschied machen kann, auf welche Weise die bedungene Hypothekfreiheit des Kaufgrundstücks herbeigeführt worden war. Auch im Falle der Ablösung der Hypothek durch Barzahlung hätten die Kläger durch ihre Teilleistungen die Forderungen sachlich nicht zum Erlöschen gebracht, sondern wären persönliche Schuldner geblieben und hätten die Wiedereintragung der gelöschten Hypotheken auf dem Restgrundstück dulden müssen. Diese Sache wurde zur weiteren Aufklärung zurückverwiesen. (VI, 13. Juni 1929.)

Amtl. Sammlg. S. 48—53.

Vgl. Bd. 112 S. 329; Bd. 119 S. 133; Bd. 120 S. 288, 292; Bd. 121 S. 56, 133, 141, 330; Bd. 122 S. 149, 383; Bd. 123 S. 166.

11. Grundstücksveräußerung. Behördliche Genehmigung. Rückwirkung. Öffentlicher Glaube. (BGB. §§ 184, 892; AufwG. §§ 17, 22; NovzAufwG. § 20; PrGrundVerkG. § 1.) Ein in Preußen gelegenes Grundstück wurde am 2. Januar 1923 verkauft und aufgelassen. Der Käufer beantragte am 3. Januar 1923 seine Eintragung als

Eigentümer; dem Antrag wurde erst am 15. Juni 1923 stattgegeben, nachdem er am 9. Mai 1923 wiederholt worden war. Die behördliche Genehmigung zu dem Vertrag wurde erst am 22. November 1926 erteilt. Auf dem Grundstück war eine Vorkriegshypothek eingetragen. Diese wurde am 28. April 1923 gelöscht. Der frühere Gläubiger meldete sie zur Aufwertung kraft Rückwirkung an. Der Eigentümer erhob Einspruch, weil der Wiedereintragung der Hypothek die Vorschriften über den öffentlichen Glauben des Grundbuchs entgegenstünden. Die Aufwertungsstelle setzte das Verfahren bis zur Entscheidung des Prozeßgerichts über den Grund des Aufwertungsanspruchs auf. Der Eigentümer klagte auf Feststellung des Nichtbestehens des angemeldeten Anspruchs. Das Berufungsgericht wies die Klage ab. Die Revision des Klägers hatte Erfolg. Das Berufungsgericht hatte angenommen, daß der Kläger sich auf den öffentlichen Glauben des Grundbuchs schon deshalb nicht berufen könne, weil er das Grundstück erst nach dem 1. Juli 1925 erworben habe; die erforderliche Genehmigung sei erst nach diesem Zeitpunkt erteilt worden und habe für die Feststellung des Zeitpunkts des Erwerbs keine rückwirkende Kraft. Dieser Auffassung trat das Reichsgericht nicht bei. Allerdings war die Vorschrift des § 184 BGB., nach der die Genehmigung auf den Zeitpunkt der Vornahme des genehmigten Rechtsgeschäftes zurückwirkt, soweit nicht ein anderes bestimmt ist, nicht unmittelbar anwendbar, denn sie bezieht sich nur auf Genehmigungen, die von einem beim Abschluß des Rechtsgeschäfts nicht beteiligten Dritten erteilt werden und sich daher selbst als Rechtsgeschäfte darstellen, während es sich im gegebenen Fall um die Genehmigung einer Behörde, also um einen Staatshoheitsakt handelte. Eine entsprechende Anwendung der Vorschrift war aber auch für diesen Fall geboten; das ist vom Reichsgericht schon früher anerkannt worden. Dagegen läßt sich auch aus den Vorschriften des Bürgerlichen Gesetzbuchs über den öffentlichen Glauben des Grundbuchs keine Einwendung herleiten. Richtig ist zwar, daß dann, wenn die Einigung in Verbindung mit der Eintragung nicht zum Rechtserwerb ausreicht, sondern noch ein weiterer Rechtsakt hinzukommen muß, maßgebend für den guten Glauben des Erwerbers der Zeitpunkt ist, in dem sämtliche Erfordernisse des Erwerbs vorliegen; dabei muß es sich aber um Rechtsakte handeln, die außer der wirksamen Einigung noch notwendig sind, wie z. B. bei der Abtretung einer Briefhypothek die Übergabe des Hypothekenbriefes. Dazu gehört eine behördliche Genehmigung nicht. Ebensowenig ist aus den besonderen Vorschriften des Aufwertungsgesetzes zu entnehmen, daß der Grundsatz der Rückwirkung hier nicht Platz greifen könnte. Unter dem Erwerb eines Rechts im Sinne des § 22 Abs. 2 AufwG. ist der Erwerb im Rechtssinn zu verstehen, also unter dem Zeitpunkt des Erwerbs, auch wenn eine Genehmigung nötig ist, der Zeitpunkt, in dem der Erwerb unter Anwendung des Grundsatzes der Rückwirkung als eingetreten anzusehen ist. Diese Rückwirkung erstreckt sich sowohl auf das schuldrechtliche wie auf das sachenrechtliche Rechtsgeschäft. Zur weiteren Aufklärung wurde die Sache zurückverwiesen. (V, 15. Juni 1929.)

Amtl. Sammlg. S. 53—58.

Vgl. Bd. 108 S. 94; Bd. 123 S. 327.

12. Patent. Nichtigkeitsklage. Frist. Wiedereinsetzung. Druckfehler in amtlichen Veröffentlichungen. Gesetzesänderung. Zwischenzeitliches Recht. (PatG. §§ 19, 27, 28; PatGebO. Art. II Nr. 3 c, 4; Bek. vom 10. Sept. 1914, 13. April 1916; PatVerlG. Art. II; BGB. §§ 187, 188; ZPO. §§ 233, 236.) Die Erteilung eines Patents wurde im Reichsanzeiger vom 10. September 1923, im Patentblatt am 12. September 1923 bekanntgegeben; die Bekanntmachung im Patentblatt verwies auf jene im Reichsanzeiger, gab aber als deren Datum infolge eines Druckfehlers den 12. September 1923 an. Am 12. September 1928 wurde Nichtigkeitsklage erhoben. Das Patentamt wies sie als verspätet ab. Die Berufung hatte Erfolg. Nach der früheren Fassung des Patentgesetzes hatte die Bekanntmachung der Erteilung im Reichsanzeiger zu erfolgen und war im Patentblatt zu wiederholen. Seit dem 1. Oktober 1923 ist die Bekanntmachung im Reichsanzeiger in Wegfall gekommen. Der Kläger hatte die Auffassung vertreten, daß demzufolge auch für früher erteilte Patente nur die Veröffentlichung im Patentblatt in Betracht komme. Dem trat das Reichsgericht nicht bei. Die Voraussetzungen der rechtlichen Wirkung eines Tatbestands sind nach dem Gesetz zu beurteilen, das bei der

Verwirklichung des Tatbestands galt. Demnach wurde durch die Veröffentlichung im Reichsanzeiger die fünfjährige Frist für die Nichtigkeitsklage in Lauf gesetzt. Die Klage war infolgedessen als verspätet anzusehen; dem Kläger war aber Wiedereinsetzung in den vorigen Stand zu gewähren. Ein Gesuch um diese war darin zu finden, daß er gebeten hatte, die Klage als rechtzeitig eingereicht zu behandeln, nachdem die verspätete Einreichung auf einen Druckfehler im Patentblatt zurückzuführen sei und ihn demgemäß keine Schuld treffe. Daß nicht ausdrücklich um Wiedereinsetzung gebeten war, machte nichts aus. An der Wahrung der Frist war der Kläger durch den Druckfehler im Patentblatt verhindert worden; es lag also die Einwirkung eines äußeren Ereignisses vor, das der Kläger durch die größte, ihm verständigerweise zumutende Sorgfalt nicht abwenden konnte. Die Versäumung der Frist hatte für den Kläger eine Verschlechterung seiner Rechtslage zur Folge, da er durch sie die Möglichkeit verlor, den Angriff auf das Patent durchzuführen; schon diese verschlechterte Rechtslage bedeutete einen Rechtsnachteil im Sinne des Gesetzes. (I, 15. Juni 1929.)

Amtl. Sammlg. S. 58—64.
Vgl. Bd. 74 S. 211.

13. **Schiffsunfall. Lichterführung.** (BGB. § 823; HGB. §§ 735, 736, 738; IntÜb. vom 23. September 1910; SeeStrO. Art. 4a, 11.) In der Elbe geriet ein englischer Dampfer nachts auf Grund. Mehrere Stunden später kam ein deutscher Dampfer elbaufwärts; er wich dem festsitzenden Dampfer mit Steuerbordruder aus und geriet dadurch ebenfalls auf Grund. Mit der Behauptung, der festsitzende Dampfer sei nicht vorschriftsmäßig beleuchtet gewesen und habe dadurch Anlaß gegeben, von der Anwendung des Backbordruders abzusehen, wurde gegen die Reederei dieses Dampfers auf Schadenersatz geklagt. Die Klage drang in allen Rechtszügen durch. Das Berufungsrufungsgericht war zu dem Ergebnis gekommen, daß die Vorschriften der Seestraßenordnung über Lichterführung auf dem englischen Dampfer schuldhaft verletzt worden seien und daß dieses Verhalten ohne mitwirkendes Verschulden der Besatzung des deutschen Dampfers ursächlich für dessen Festgeraten gewesen sei, da bei rechtzeitiger Kenntnis davon, daß der englische Dampfer manövrier-

unfähig sei, das Backbordruder angewendet worden wäre. Das Reichsgericht bemerkte, daß die Rechtslage, nachdem es sich um ein englisches Schiff handelte und eigenes Verschulden der Reederei nicht behauptet war, nach dem Internationalen Übereinkommen zur einheitlichen Feststellung von Regeln über den Zusammenstoß von Schiffen zu beurteilen sei, daß aber die Beurteilung zu demselben Ergebnis führe, zu dem das Berufungsgericht gelangt war. Mit Recht hatte das Berufungsgericht es als einen schuldhaften Verstoß gegen die Vorschriften der Seestraßenordnung über Lichterführung angesehen, daß die zwei roten Lampen, welche die Manöverierunfähigkeit des englischen Schiffes anzeigen sollten, nicht gesetzt waren. Man muß von der Schiffleitung fordern, daß von vorneherein für den Fall einer Störung der Lichtkabelleitung die Anbringung von Reserveöllampen in einer Weise sichergestellt ist, die ihr vorschriftsmäßiges Brennen gewährleistet. Die äußeren Umstände waren keineswegs derart, daß das Versagen der Öllampen auf einen nicht zu vertretenden Zufall oder gar auf höhere Gewalt hätte zurückgeführt werden können. (I, 22. Juni 1929.)

Amtl. Sammlg. S. 65—68.

14. Schriftform. Unterschriftstempel. Zugehen von Willenserklärungen. Undeutliche Anschrift. Wiedereinsetzung. (BGB. §§ 126, 127; ZPO. §§ 238, 554a; Vers.-VertrG. § 39.) Ein junger Mann, der gegen Unfall versichert war, verunglückte tödlich. Der Klage seiner Eltern auf Zahlung der Versicherungssumme wurde der Einwand entgegengehalten, daß der Versicherungsnehmer trotz ordnungsmäßiger Mahnung eine fällige Prämie nicht bezahlt habe und daß dadurch die Versicherung erloschen sei. Die Kläger bestritten, daß ihrem Sohn solche Mahnungen zugegangen seien. Es wurde festgestellt, daß die als eingeschriebener Brief abgesandte Mahnung nur den Namen des Sohnes des Klägers, der mit jenem seines Vaters gleich war, trug und daß der zustellende Postbeamte auf dem Postablieferungsschein vermerkte, daß er den Brief der Tochter des Adressaten zugestellt habe, also der Meinung war, daß der Brief für den Vater, nicht für den Sohn bestimmt sei. Das Berufungsgericht hatte angenommen, daß die Meinung des Postbeamten nicht ausschlaggebend sein könne. Dem stimmte das Reichsgericht nicht bei. Unerheblich war allerdings, wen der Postbeamte sich als Adressat des Briefes vorstellte; aber solange nicht feststand, ob der Brief für den Vater oder für den Sohn bestimmt sei, war er durch die Abgabe keinem von ihnen zugegangen. Beide konnten erklären, daß sie nicht die Empfänger seien; sie konnten den Brief zurückgehen lassen, damit die mehrdeutige Anschrift richtiggestellt werde. Möglicherweise konnte zwar nicht aus der Anschrift, wohl aber aus dem, was der Umschlag selbst angab, entnommen werden, daß der Brief für den Sohn bestimmt war, so insbesondere aus der Angabe der Firma der Versicherungsgesellschaft, zumal wenn bekannt war, daß der Sohn mit dieser in geschäftlichen Beziehungen stand; möglicherweise war auch der Brief geöffnet und als für den Sohn bestimmt erkannt worden. In diesen Fällen war der Brief dem Sohn zugegangen, denn ein Mitglied seiner Familie hatte ihn in Händen und wußte genau, wem er zuzuleiten war; die mehrdeutige Anschrift war nunmehr eindeutig geworden. Nach dieser Hinsicht war der Sachverhalt noch zu klären. Die Kläger hatten die Mahnung auch schon deshalb nicht als gültig anerkannt, weil die Unterschrift des Generaldirektors der Versicherungsgesellschaft schon vorgedruckt war. Bei gesetzlich vorgeschriebener Schriftform hätte eine solche Unterschrift allerdings nicht genügt; das Gesetz über den Versicherungsvertrag schreibt aber die Schriftform für Mahnungen nur vor, wenn das verabredet ist. Für die durch Rechtsgeschäft bestimmte Schriftform gelten aber die für die gesetzliche Schriftform maßgebenden Vorschriften nur im Zweifel. In den allgemeinen Versicherungsbedingungen war bestimmt, daß bei Nichtzahlung einer fälligen Prämie der Versicherungsnehmer durch einen Brief zur Zahlung aufzufordern sei. Wie ein Brief zu unterzeichnen ist, sagen die Anschauungen des bürgerlichen Rechtsverkehrs, denen sich die Vertragsparteien beim Fehlen eines erkennbaren Widerspruchs unterworfen hatten. Die Unterzeichnung mittels mechanisch vervielfältigter Namensunterschrift hat sich im amtlichen, behördlichen, aber auch im privaten geschäftlichen Verkehr in großem Umfang durchgesetzt und praktisch bewährt; sie wird namentlich in solchen Fällen gehandhabt, wo rechtsgeschäftliche Erklärungen von Privatpersonen an eine große Zahl einzelner bestimmter Personen abgefertigt werden müssen. Die Beifügung der Unterschrift mittels Stempel ist für solche Fälle als genügend anerkannt; zwischen ihr und dem Drucken von Namensunterschriften besteht aber kein wesentlicher Unterschied. Da der Vorstand der Versicherungsgesellschaft nicht in der Lage ist, jedesmal selbst den Stempelabdruck unter den Brief zu setzen, bleibt es schließlich in beiden Fällen, beim Stempeln wie beim Drucken, den Angestellten der Gesellschaft überlassen, das Schreiben abgangsfertig zu machen. Mißbräuche sind in beiden Fällen möglich; der Gebrauch eines Stempels bietet dagegen keine größere Sicherheit als der Gebrauch von Formblättern mit gedruckter Unterschrift. Für einen aus einem solchen Mißbrauch entstehenden Schaden haftet die Gesellschaft; sie wird also bemüht sein, solche Mißbräuche zu verhindern. Dem Zweck der Vorschrift des Gesetzes über den Versicherungsvertrag wird auch eine Mahnung mit gedruckter Unterschrift gerecht; der Versicherte soll etwas Schriftliches erhalten, das ihn dauernd und immer wieder an seine Schuld und an die Folgen der Nichtzahlung erinnert. Die Revision war verspätet eingelegt, den Klägern aber durch Beschluß des erkennenden Senats die Wiedereinsetzung in den vorigen Stand erteilt worden. Die beklagte Versicherungsgesellschaft beantragte, die Frage der Wiedereinsetzung neuerdings zu prüfen. Das Reichsgericht lehnte das ab. Die Wiedereinsetzung in den vorigen Stand konnte den Klägern durch Beschluß erteilt werden und die so getroffene Entscheidung war endgültig. In zweifelhaften Fällen wird das Reichsgericht die Entscheidung dem nach mündlicher Verhandlung ergehenden Urteil vorbehalten; in der Regel ist es aber zweckmäßig, bei der Prüfung, ob die Revision an sich statthaft und ob die Einlegung und Begründung in der gesetzlichen Form und Frist erfolgt ist, auch einen Antrag auf Wiedereinsetzung zu erledigen und dadurch das weitere Verfahren auf eine feste Grundlage zu stellen. (VII, 25. Juni 1929.)

Amtl. Sammlg. S. 68—76.

Vgl. Bd. 106 S. 332.

15. **Handelskauf. Untersuchungspflicht. Kommissionsgeschäft. Schadenersatz. Handelsgebrauch.** (HGB. § 377.) Im April 1924 wurde ein Kauf über Stahlschrott, zu liefern an ein Werk, abgeschlossen und ausgeführt. Der

Käufer behauptete, das gelieferte Schrott habe Chrom enthalten und bei der Verhüttung die Öfen beschädigt; es wurde auf einen Schadenersatz von 10000 Reichsmark, zu zahlen an das Werk, geklagt. Das Berufungsgericht erkannte den Anspruch als begründet an. Die Revision führte zur Zurückverweisung. Daß der Kläger, falls der Beklagte zum Schadenersatz verpflichtet war, auf Ersatz des seinem Kommittenten, dem Werk, entstandenen Schadens klagen konnte, entsprach einem anerkannten Satz des Handelsrechts; ebenso konnte der Kläger dieses Verlangen mit dem Antrag auf unmittelbare Zahlung an das Werk geltend machen. Das Berufungsgericht hatte auch festgestellt, daß durch den Chromgehalt des gelieferten Schrotts dem Werk ein Schaden entstanden war. Daß Chromfreiheit zugesichert sei, war nicht angenommen worden; Schadenersatz wegen Lieferung von Schrott, das wegen seines Chromgehalts zur Verhüttung ungeeignet war, konnte daher nur verlangt werden, wenn den Beklagten oder seinen Angestellten bei der Lieferung ein Verschulden traf. Grundsätzlich braucht nun zwar der Verkäufer die Tauglichkeit der Ware zu dem ihm bekannten Verwendungszweck nicht zu prüfen; aber sowohl aus der Verkehrssitte wie auch aus den besonderen Umständen des Falles kann sich eine solche Prüfungspflicht ergeben. Der Beklagte hatte damals allgemein die Untersuchung von Chrom in seinem Betrieb vorgeschrieben; er hatte nicht nachgewiesen, daß im gegebenen Fall die Untersuchung nicht notwendig war. Unter diesen Umständen konnte das Berufungsgericht ohne Rechtsirrtum annehmen, daß der Beklagte mit der Lieferung des nicht untersuchten Schrotts seine Vertragspflicht verletzte. Auch wenn er annahm, daß das Schrott beim Werk untersucht würde, entband ihn das nicht von der eigenen Untersuchungspflicht. Für die Geltendmachung des Ersatzanspruchs war aber Voraussetzung, daß der Mangel unverzüglich gerügt wurde. Das Berufungsgericht hatte allerdings festgestellt, daß es zur Zeit der Lieferung nicht mehr üblich war, Stahlschrott auf Chromgehalt zu untersuchen; dabei war aber nicht beachtet, daß ein Handelsgebrauch, der von jeder Untersuchungspflicht befreien wollte, aller Regel nach als Mißbrauch anzusehen wäre, der rechtlich nicht beachtet werden könnte. Auch daß ein Mangel selten vorzukommen pflegt, kann grundsätzlich nicht von der Untersuchungspflicht befreien. Die Pflicht zur unverzüglichen Untersuchung entfiel vielmehr nur dann, wenn sie nach ordnungsmäßigem Geschäftsgang nicht tunlich war. Nach dieser Richtung war die Sache noch zu prüfen. (I, 26. Juni 1929.)

Amtl. Sammlg. S. 76—80.

Vgl. Bd. 40 S. 172, 187; Bd. 53 S. 200; Bd. 58 S. 39; Bd. 62 S. 331; Bd. 65 S. 49; Bd. 68 S. 368; Bd. 90 S. 240; Bd. 97 S. 87; Bd. 99 S. 247; Bd. 106 S. 22, 309; Bd. 113 S. 250; Bd. 115 S. 419.

16. Bildnis. Zeitgeschichte. (KunstschG. §§ 22, 23.) Abbildungen eines bekannten Fußballspielers wurden in Zigarettenschachteln eingelegt; auf den Abbildungen war auf eine Sammlung von Bildern verwiesen, aus der sie entnommen waren. Der Fußballspieler klagte ohne Erfolg auf Unterlassung. Bildnisse dürfen zwar nach gesetzlicher Regel nur mit Einwilligung des Abgebildeten verbreitet oder öffentlich zur Schau gestellt werden; doch bedarf es bei Bildnissen aus dem Bereich der Zeitgeschichte einer solchen Einwilligung nicht. Der Kläger hatte zwar selbst behauptet, dem Bereich der Zeitgeschichte anzugehören; gleichwohl war zu prüfen, ob das zutraf. Erscheinungen im Leben der Gegenwart, die vom Volke beachtet werden, bei ihm Aufmerksamkeit finden und Gegenstand der Teilnahme oder Wißbegier weiter Kreise sind, sind als der Zeitgeschichte angehörend zu betrachten. Sportgrößen, wie bekannte Fußballspieler, sind zufolge der ihnen geschenkten Beachtung dazu zu zählen. Demgemäß durften Bildnisse des Klägers ohne seine Einwilligung verbreitet und zur Schau gestellt werden. Diese Befugnis erstreckte sich aber nicht auf Fälle, in denen durch sie ein berechtigtes Interesse des Abgebildeten verletzt wurde. Der Kläger hatte erklärt, daß er die Verbreitung seines Bildes zu Reklamezwecken mißbillige und als verletzend empfinde. Das reichte nicht aus für die Begründung eines Unterlassungsantrages. Die Anpreisung von Waren zum Kauf und zur Kundenwerbung im geschäftlichen Verkehr bedeutet an sich noch keinen Zweck niederer oder gar unsittlicher Art, der ein ihm dienstbar gemachtes Bildnis allgemein entwürdigt; vielmehr kommt es jeweils darauf an, für welchen Zweck und auf welche Weise geworben wird. Ein berechtigtes

Interesse, der Verbreitung oder Schaustellung seiner Bilder zu wehren, liegt nur dann vor, wenn Beweggrund, Zweck oder begleitende Umstände des Verbreitens oder Schaustellens für gerecht und billig Denkende ersichtlich machen, der Abgebildete wurde in seiner Persönlichkeit stärker beeinträchtigt, als es der gesetzlich anerkannte Anspruch der Allgemeinheit, Personen, die der Zeitgeschichte angehören, vor Augen gestellt zu bekommen, rechtfertigt. Anders lag die Sache in einem früher entschiedenen Fall. Damals hatte ein Tabakfabrikant das Wortzeichen „Graf Zeppelin" mit dem Brustbild des Grafen Zeppelin als Warenzeichen eintragen lassen, ohne den Grafen um Erlaubnis zu fragen; anderseits hatte Graf Zeppelin einer anderen Zigarettenfabrik erlaubt, seinen Namen und sein Bild für eines ihrer Erzeugnisse zu verwenden. Damals war entschieden worden, daß ein unbefugter Gebrauch eines Namens auch dann vorliegt, wenn jemand einen fremden Namen zu Reklamezwecken mißbraucht. Im vorliegenden Fall waren aber Namen und Bild nicht als Warenzeichen verwendet und gewissermaßen in Beschlag genommen; vielmehr stand das Bild des Klägers innerhalb einer Bilderreihe von Fußballspielern, die wieder mit anderen Bilderreihen zusammengefügt war; das Bild war also nicht mit der Ausschließlichkeit wie im früher entschiedenen Fall beansprucht und zur Kundenwerbung gebraucht. Geschäftliche Kundenwerbung läßt sich auf so mannigfaltige Weise betreiben, daß sie nicht in Bausch und Bogen als Tätigkeit niedrigen Ranges betrachtet werden kann. Auch aus der technischen Art der Vervielfältigung und Ausstattung war nach dem Gesamteindruck ein Bedenken in dem Sinne, daß dem Persönlichkeitsrecht des Klägers zu nahe getreten wurde, nicht zu entnehmen. (I, 26. Juni 1929.) Amtl. Sammlg. S. 80—85.

Vgl. Bd. 74 S. 308.

17. Amtspflichtverletzung. Aufsicht. (RVerf. Art. 131; BGB. § 839.) Schüler eines staatlichen Gymnasiums spielten auf einem unmittelbar neben einer öffentlichen Straße gelegenen Platz unter Aufsicht eines Studienrates Handball. Ein Ball flog über die Umzäunung des Platzes und traf die Windschutzscheibe eines eben vorüberfahrenden Kraftwagens. Die Klage des Eigentümers gegen den preußischen Staat auf Schadenersatz hatte Erfolg. Das

Berufungsgericht nahm an, daß sowohl der aufsichtführende Studienrat wie die Schulleitung sich hätten sagen müssen, daß auf diese Weise leicht Unfälle aller möglichen Art entstehen konnten und daß sie darum Ballspiele an dieser Stelle nicht hätten zulassen sollen; es fand also ein Verschulden zunächst bei dem das Ballspiel leitenden und beaufsichtigenden Lehrer gegeben. Die Revision betonte, daß dem Kläger keinerlei Amtspflicht gegenüber dem Kläger oblag. Dabei war aber übersehen, daß jeder Amtsausübung die Pflicht innewohnt, dafür zu sorgen, daß Dritte, die von der Amtstätigkeit nicht berührt werden sollen, auch nicht durch sie beeinträchtigt werden. Da dem Studienrat die Spielleitung oblag, war seine Amtspflicht, auch dafür zu sorgen, daß dritte Personen, die unfreiwillig in den Bereich der Wirkungen des Spiels gerieten, nicht getroffen und beschädigt wurden. Eine Fahrlässigkeit auf seiner Seite lag vor, sobald die im Verkehr erforderliche Sorgfalt außer acht gelassen wurde, mochte auch das Spiel weder polizeilich noch von der Schulleitung verboten oder auch nur widerraten worden sein, so machte das doch nicht die Berücksichtigung der gerade am fraglichen Orte obwaltenden Verhältnisse entbehrlich. Eine diese Verhältnisse beachtende Prüfung mußte nach der Beweiswürdigung des Berufungsgerichts zu dem Schluß führen, daß auch ein an sich statthaftes Spiel gerade hier die Straßenpassanten beeinträchtige und darum zu unterlassen sei. (III, 25. Juni 1929.)

Amtl. Sammlg. S. 85—87.

Vgl. Bd. 78 S. 243; Bd. 91 S. 348; Bd. 118 S. 327.

18. **Stempelsteuer. Bankvollmacht.** (PrStempStG. TarSt. 19.) Der Inhaber eines Schrankfaches teilte der Bank mit, daß er seiner Frau Vollmacht erteilt habe, sein Recht auf Zutritt zu dem Schrankfach auszuüben. Es wurde eine Stempelabgabe eingehoben. Das Berufungsgericht gab der Klage auf Zurückzahlung statt. Die Revision hatte Erfolg. Die Mitteilung war als eine Vollmacht im Sinne des Stempelgesetzes anzusehen (Vollmachtsverfügung, nicht nur Vollmachtsgeständnis). Gegenstand der Vollmacht war das durch den Vertrag mit der Bank (mag man diesen als Mietvertrag oder als Verwahrungsvertrag auffassen) begründete, im Zweifel höchstpersönliche Zugangsrecht des Kunden zu seinem

Schrankfach. Bei Annahme der Ermächtigung durch die Bank wurde deren Verpflichtung in dem Sinne neu festgestellt, daß sie auch der Ehefrau des Klägers den Zutritt zu ihren Stahlkammern zu gestatten und zur Öffnung des Schrankfachs mitzuwirken hatte. Darin erschöpfte sich aber die Berechtigung nicht, die durch die Vollmacht erteilt wurde; deren Wesen lag vielmehr darin, daß sich die Ehefrau auch mit dem Inhalt des Faches beschäftigen, Sachen hineinlegen und herausnehmen durfte. Da eine Feststellung des jeweiligen Wertes des Schrankfachs nicht möglich war, mußte dieser Wert als nicht schätzbar angesehen werden; jedenfalls ließ es sich nicht rechtfertigen, den einjährigen Mietzins des Schrankfachs zum Maßstab für die Bemessung des Wertes der Gesamtbefugnis der Bevollmächtigen hinzunehmen, wie der Kläger es verlangte. Es handelte sich also um eine Vollmacht, aus deren Inhalt der Wert des Gegenstandes nicht ersichtlich war; eine solche Vollmacht ist von der Stempelabgabe nur befreit, wenn nachgewiesen wird, daß der Wert den Betrag von 150 Goldmark nicht übersteigt. Diesen Nachweis konnte der Kläger nicht erbringen. Zum Zwecke tatsächlicher Klärung wurde die Sache zurückverwiesen. (VII, 2. Juli 1929.)

Amtl. Sammlg. S. 87—91.

Vgl. Bd. 55 S. 376; Bd. 94 S. 76; Bd. 104 S. 361; Bd. 122 S. 145; Bd. 124 S. 385.

19. Aufwertung. Laufende Rechnung. Gehalt. Einlage. (BGB. § 242; AufwG. §§ 2, 3, 18, 63, 65.) Ein Angestellter eines Geschäfts hatte bei diesem ein Konto, auf dem ihm neben seinen Einzahlungen auch Gehälter, die er nicht ausbezahlt erhielt, gutgeschrieben wurden. Die Einlage wurde mit 6% verzinst. Das Konto wurde halbjährlich abgeschlossen; der Saldo wurde dem Angestellten mitgeteilt und von ihm anerkannt. Bei seinem Ausscheiden ergab sich für ihn ein Saldo von rund 2400 Reichsmark. Er klagte auf Aufwertung. Das Berufungsgericht gab der Klage teilweise statt. Das Reichsgericht verwies die Sache zurück. Die Habenposten der laufenden Rechnung setzten sich in der Hauptsache aus Vermögensanlagen zusammen; zu diesen gehörten auch die Ersparnisse des Klägers aus Gehaltszahlungen. Hiefür war das Aufwertungsgesetz maßgebend, nach dem die Abhebungen, die bis zum 14. Juni 1922 gemacht wurden, zum Nennbetrag auf den Nennbetrag anzurechnen waren. Soweit die Habenposten sich dagegen auf nicht abgehobenes Gehalt bezogen, unterlagen sie der freien Aufwertung und die abgehobenen Beträge waren nach ihrem Zeitwert auf den Goldmarkwert des Guthabens anzurechnen. Solche Verwickelungen hat das Aufwertungsgesetz nicht geregelt; sie sind nach den allgemeinen Bestimmungen des bürgerlichen Rechts zu entscheiden. Es ergaben sich also zwei Vermögensmassen, nach deren Verhältnis dann auch die Abhebungen angerechnet werden mußten. Beweispflichtig dafür, daß es sich um aufwertungsrechtlich bevorzugte Posten handelte, war nach allgemeinen Regeln der Kläger. Die beiden Massen waren bis zum Schluß der geschäftlichen Beziehungen getrennt zu halten. Die erste Masse (Vermögensanlagen) war zunächst nach ihrem Stand am 14. Juni 1922 festzustellen. Zu diesem Zweck war das Konto in einzelne Abschnitte aufzulösen. Die Abschnitte reichten von einer Einzahlung bis zur nächsten Einzahlung, der eine Abhebung vorausging. Die Nennwerte der Abhebungen waren dann in der Höhe des Bruchteils der Verhältnisrechnung von den Nennwerten der vorausgegangenen Einzahlungen abzuziehen und zwar immer von den Nennwerten der jüngsten Einzahlungen zuerst. Alsdann waren die in den Einzelabschnitten verbliebenen Reste der Habenposten in Goldmark nach der Goldmarktabelle unter Zugrundelegung des Zeitpunktes ihrer Einzahlungen umzurechnen und zusammenzuzählen. Von dem sich ergebenden Aktivsaldo waren 25% der Aufwertungsbetrag der Vermögensanlagemasse. Einfacher gestaltete sich die Berechnung der anderen Masse. Diese war sogleich in all ihren Posten in Goldmark (nicht notwendig nach der Tabelle des Aufwertungsgesetzes) umzurechnen. Alle hinzukommenden Posten (die Abhebungen wieder in der Höhe ihrer verhältnismäßigen Bruchteile) waren nach ihrem Zeitwert in Goldmark einzustellen. Der Schlußbetrag war nach den Grundsätzen der freien Aufwertung bei Berücksichtigung aller Belange beider Teile und des sogenannten Verarmungsfaktors aufzuwerten. Zweifel und Unklarheiten waren nach Treu und Glauben zu lösen. (I, 3. Juli 1929.)

Amtl. Sammlg. S. 91—98.
Vgl. Bd. 117 S. 34; Bd. 123 S. 351.

20. **Polizeibeamter. Kraftfahrzeug. Staatshaftung.** (RVerf. Art. 131; KraftFahrzG. § 18.) Ein Polizeiwachtmeister hatte 40 Polizeibeamte auf einem Kraftwagen zum Schießplatz zu bringen. Hiebei wurde ein Mann überfahren und verletzt. Er klagte gegen den Beamten und das Land Preußen auf Schadenersatz. Die Klage gegen den Beamten wurde abgewiesen. Der Beklagte handelte, als er den Kraftwagen führte, in Ausübung der ihm anvertrauten öffentlichen Gewalt; das Übungsschießen der Polizei gehört zur öffentlichen Amtsausübung und die gemeinsame Beförderung der Mannschaften zu den Schießplätzen steht damit in unmittelbarem Zusammenhang. Den hiefür dienenden Wagen ordnungsmäßig und unter Beachtung aller für den Kraftwagenverkehr getroffenen Bestimmungen zu lenken, gehörte zu den Amtspflichten des Beklagten, die ihm auch gegenüber den auf der Straße verkehrenden Personen oblagen. Demgemäß traf die gesetzliche Haftung an Stelle des Beklagten das Land Preußen. Das galt auch, soweit Schadenersatz auf Grund des Kraftfahrzeuggesetzes in Anspruch genommen wurde; das Gesetz nimmt hier Verschulden des Kraftwagenführers ohne weiteres an und läßt ihm nur den Gegenbeweis offen. Schuldhafte Amtspflichtverletzung war also hier gegeben. (VI, 18. April 1929.) Amtl. Sammlg. S. 98—100. Vgl. Bd. 106 S. 34; Bd. 108 S. 366, 387; Bd. 125 S. 85.

21. **Schuldübernahme. Zwangsversteigerung. Hypothekaufwertung. Meistbietender. Haftung.** (BGB. §§ 414, 415, 416; ZVG. §§ 53, 81, 82; AufwG. § 10.) Bei einem Grundstückskauf im Mai 1922 übernahm die Käuferin zwei für eine Bank eingetragene Darlehenshypotheken in der Höhe von insgesamt 10 000 Mark. Im August 1924 wurde das Grundstück im Zwangswege versteigert. Der Meistbietende G. trat sein Recht aus dem Meistgebot ab; dem Erwerber R. wurde das Grundstück zugeschlagen; für die persönliche Haftung wurden R. und G. in Anspruch genommen. Die Aufwertungsstelle setzte das Verfahren bis zur Entscheidung über den Grund des Anspruchs aus. Die Klage auf Feststellung, daß R. und G. für die Hypothek persönlich hafteten, wurde vom Berufungsgericht abgewiesen; das Reichsgericht verwarf die Revision, soweit sich die Klage gegen G. richtete, erklärte aber R. als persönlichen Schuldner in Höhe des Aufwertungsbetrages. Nach

dem Zwangsversteigerungsgesetz haften im Falle der Abtretung der Rechte aus dem Meistgebot der Meistbietende und der Ersteher als Gesamtschuldner; der Gegenstand der Haftung ist aber nicht näher angegeben. Die Auslegung, daß der Meistbietende für die gesamten, dem Ersteher obliegenden Verpflichtungen mithaftet, geht zu weit; vielmehr erstreckt sich die Mithaftung nur auf das Bargebot. Das ergibt sich schon daraus, daß über die Höhe des Bargebots hinaus auch keine Sicherheitsleistung verlangt werden kann. R. hatte bestritten, daß die Schuldübernahme beim Kaufabschluß vom Gläubiger genehmigt worden sei. Die Käuferin hatte dem Gläubiger keine Mitteilung hievon gemacht; im Aufwertungsverfahren hatte aber der Kläger selbst die Tatsachen, aus denen sich die Schuldübernahme ergab, vorgetragen und R. hatte sie als richtig anerkannt. Damit war dem Kläger die Schuldübernahme mitgeteilt und von ihm genehmigt worden. Die Haftung für die persönliche Schuld ging aber nicht über jene der Hypothek hinaus. Zur Zeit des Zuschlags galt die 3. StNVO., die eine Aufwertung auf 15% des Goldmarkbetrags der Hypotheken anordnete; das Grundstück haftete also damals nicht in voller Höhe, sondern nur beschränkt. Diese Beschränkung erstreckte sich auch auf die persönliche Schuld. (VI, 2. Mai 1929.)
Amtl. Sammlg. S. 100—105. Vgl. Bd. 63 S. 47.

22. Prozeßgebühr. Armenrecht. (ZPO. §§ 115, 121, 125, 126, 554; GKG. § 74.) Auf Grund des im zweiten Rechtszug eingereichten Armutszeugnisses bewilligte das Reichsgericht das Armenrecht für die Revision. Nachdem die Revision und die Revisionsbegründung eingereicht und Verhandlungstermin anberaumt war, wurde das Armenrecht wieder entzogen auf Grund der Feststellung, daß der Kläger zur Zahlung der Prozeßkosten in der Lage war; zugleich wurde ihm eine Frist zum Nachweis der Zahlung der Prozeßgebühr gesetzt. Da die Frist nicht eingehalten wurde, erklärte das Reichsgericht die Revision für unzulässig. Wenn das Armenrecht nachträglich entzogen wird, weil die Partei in Wahrheit nicht arm oder im Laufe des Rechtsstreits vermöglich geworden ist, sind die schon vorher fällig gewordenen Gebühren nachzuzahlen; ob das auch zu gelten hat, wenn nachträglich die Sache nicht mehr als aussichtsreich betrachtet wird, ließ das Reichsgericht dahingestellt. Hier lag der erste Fall vor. Demgemäß stand nichts im Wege, nunmehr die Gebühr einzufordern und für den Nachweis der Zahlung eine Frist zu setzen mit der Wirkung, daß die Nichteinhaltung der Frist die Revision unzulässig mache. Ein endgültiges Zulässigwerden der Revision bis zu einem bestimmten Zeitpunkt gibt es nicht. (VI, 30. Mai 1929.)

Amtl. Sammlg. S. 105—108.
Vgl. Bd. 109 S. 349.

23. Zeitungsverkauf auf öffentlichen Straßen. Untersagungsrecht. Ersitzung. Mißbrauch. Schikane. Rechtsweg. (BGB. §§ 226, 1004.) Ein Zeitungshändler stellte seit dem Jahre 1914 an der Straßenecke, an der er seinen Standort hatte, auf dem Bürgersteig ein tragbares Holzgestell auf, in das er die Zeitungen einlegte. Die Stadt erblickte hierin einen unzulässigen Eingriff in das ihr an der Straße zustehende Eigentum und erhob Klage auf Unterlassung und Schadenersatz. Das Gericht gab der Unterlassungsklage statt. Das Reichsgericht verwies die Sache zurück. Die Klage war auf Eigentum, also auf ein Privatrecht gestützt; daß der Beklagte sich auf ein aus dem Gemeingebrauch entgegenspringendes Recht zur Benutzung der Straße berief und daß diese Frage den eigentlichen Kernpunkt des Rechtsstreits bildete, änderte daran nichts und machte darum den Rechtsstreit nicht unzulässig, denn wenn auch die Frage des Gemeingebrauchs dem öffentlichen Recht angehört, so handelte es sich bei der Klage doch nur um die dem Gemeingebrauch entsprungene Rechtsbefugnis einzelner Personen. Ein vertraglich begründetes Sonderrecht hatte der Beklagte selbst nicht behauptet; seine Berufung auf Ersitzung hätte nur in Frage kommen können, wenn für die Straße kein Grundbuchblatt angelegt gewesen wäre; für die Ersitzung wäre aber, abgesehen von anderen Voraussetzungen, erforderlich gewesen, daß der Beklagte daran geglaubt hätte, ein besonderes Recht zu seinem Verhalten zu besitzen, nicht nur, auf Grund des Gemeingebrauchs dazu berechtigt zu sein. Auch das Vorbringen des Beklagten, das Verlangen der Klägerin sei unzulässig, weil es nur den Zweck haben könne, ihm Schaden zuzufügen, war nicht haltbar. Schon die Ansicht, daß durch das Verhalten des Beklagten der Verkehr leide, reichte aus, um den Vorwurf des Rechtsmißbrauchs gegenüber der Klägerin auszuschließen. Neu zu prüfen war aber, ob sich das Verhalten des Beklagten nicht aus dem Gemeingebrauch an der Straße rechtfertigen ließ. Wenn eine Straße dem Gemeingebrauch gewidmet ist, tritt das Eigentum an ihr zurück, soweit der Gemeingebrauch reicht. Das Berufungsgericht hatte im Anschluß an das Preußische Landrecht den Umfang des Gemeingebrauchs dahin abgegrenzt, daß er zum Gehen und Fahren, zur Beförderung von Menschen, Tieren und Sachen berechtige. Es ist aber ein starres Festhalten an bestimmten Begriffen zu vermeiden und der Wandlung der Verhältnisse und der Anschauungen über Zweck und Bestimmung der öffentlichen Straßen Rechnung zu tragen. Wird eine Straße einmal unter Zustimmung aller Beteiligten der Öffentlichkeit gewidmet, so hat sie auch allen Zwecken zu dienen, zu denen sie nach der jeweiligen besonderen Gestaltung der allgemeinen Verhältnisse bestimmt ist. Der Gemeingebrauch beschränkt sich nicht auf den Verkehr im engsten Sinne, die Straße dient vielmehr auch sonstigem allgemein ausgeübten Gebrauch. Die Frage, was im einzelnen zum Gemeingebrauch gehört, ist nicht ausschließlich von der Polizei und sonstigen Verwaltungsbehörden derart zu entscheiden, daß diese Stellungnahme auch für den Richter in Rechtsstreitigkeiten maßgebend wäre. Die wesentliche Frage war, ob sich in der Stadt tatsächlich die Verkehrsanschauung und Verkehrsübung herausgebildet hatte, daß die Zeitungshändler einen festen Stand auf dem Bürgersteig an Stellen einnahmen, an denen das mit dem Verkehr vereinbar war. Hierüber fehlten Feststellungen. Wenn die Verkehrspolizei, der in erster Reihe die Sorge für einen ordnungsmäßigen Verkehr obliegt, nichts gegen das Einnehmen fester Stände einwandte, sprach das für die Behauptung des Beklagten; in der gleichen Richtung war die von ihm behauptete Tatsache zu werten, daß die Stadt jahrelang sein Verhalten geduldet hatte. Die Frage, ob das Betreiben eines Gewerbes auf der Straße mit einem festen Stand überhaupt noch in den Rahmen des Gemeingebrauchs fallen kann, ist zu bejahen. (VI, 10. Juni 1929.)

Amtl. Sammlg. S. 108—114.

Vgl. Bd. 30 S. 246; Bd. 88 S. 16; Bd. 94 S. 33; Bd. 123 S. 181, 187.

24. Kartell. Nebenleistungsgesellschaft. Kündigung. Gesellschaft mit beschränkter Haftung. Einziehung eines Geschäftsanteils. Werterſatz. (KartellVO. § 8; GmbH. §§ 3, 34, 60, 61, 69.) Eine G. m. b. H. hatte zur Aufgabe die Verwertung der in den Fabriken ihrer Gesellschafter in Deutschland hergestellten Hefe. Ein Gesellschafter kündigte. Das Kartellgericht erklärte die Kündigung für zulässig. Die Gesellschaft trat in Liquidation. Sie beschloß die entgeltliche Einziehung des Geschäftsanteils des Gesellschafters. Er klagte ohne Erfolg auf Feststellung der Nichtigkeit des Beschlusses. Bei einer Nebenleistungsgesellschaft, wie sie hier vorlag, beendet die Kündigung zwar die kartellrechtlichen Beziehungen des Kündigenden, ändert aber nichts am Bestand der G. m. b. H. als solcher und hebt auch die Mitgliedschaft des kündigenden Gesellschafters bei ihr nicht ohne weiters auf. Da jedoch bei der engen Zusammengehörigkeit die gesellschaftlichen Organisationen und des Kartells eine fernere unveränderte Fortdauer der Zugehörigkeit des kündigenden Gesellschafters zur Gesellschaft unter Fortdauer aller gesellschaftsrechtlichen Befugnisse und Verpflichtungen eine Unmöglichkeit wäre, bleibt mit Rücksicht auf den besonders gearteten Aufbau der G. m. b. H. nichts anderes übrig, als daß man dieser das Recht einräumt, den Gesellschaftsanteil des aus den kartellrechtlichen Beziehungen ausgeschiedenen Gesellschafters gegen Entgelt einzuziehen; sonst würde die Form über die Sache, über den Vertragsgedanken gestellt und eine Gestaltung gutgeheißen, bei der zwei verschiedene Gruppen von Gesellschaftern, solche mit und solche ohne Kartellbindung, nebeneinander bestünden, was zu empfindlichen Unzuträglichkeiten führen müßte. Mit dem Eintritt der Gesellschaft in die Liquidation erlosch die kartellmäßige Bindung für alle Mitglieder, auch für jene, die nicht gekündigt hatten; die Gesellschaft hatte von nun an keine Kartellzwecke mehr, sondern nur noch Abwicklungszwecke. Der Liquidator hatte aber, weil ihm das zur Erreichung einer angemessenen Abwicklung zweckmäßig erschien, mit einer Gruppe von Gesellschaftern einen neuen Vertrag dahin geschlossen, daß sie ihm, soweit das zur Befriedigung der Gläubiger nötig war, die von ihnen erzeugte Hefe abliefern sollten. Dieser Umstand rechtfertigte es, die Einziehung des Geschäftsanteils des Klägers, der nicht zu dieser Gruppe gehörte, trotz der Liquidation zuzulassen. Der Beschluß wurde auch dadurch nicht unwirksam, daß das Entgelt nicht sofort festgesetzt wurde; falls hierüber keine Einigung zustande kam, stand der Klageweg offen. Als Zeitpunkt, nach dem der Wert des Gesellschaftsanteils zu vergüten war, hatte der Tag der Einziehung zu gelten. Allerdings hatte mit dem Tag, an dem die Kündigung wirksam geworden war, die Mitwirkung des Klägers bei der Erreichung des Gesellschaftszwecks aufgehört und seine Mitgliedschaft bei der G. m. b. H. nur deshalb zunächst noch fortgedauert, weil nach dem Aufbau der Gesellschaft ein Ausscheiden aus ihr im Wege der Kündigung nicht möglich war; der Kläger hatte aber trotz der Kündigung seine durch die Mitgliedschaft bei der Gesellschaft begründeten Rechte behalten und zwar solange, bis die Einziehung des Geschäftsanteils beschlossen wurde. Die Ausübung dieser Rechte ruhte; das ändert aber nichts daran, daß sie dem Kläger zustanden. Der Kündigende kann, wenn er bei ungünstigem Geschäftsgang der Gesellschaft von einem Hinausschieben der Einziehung Nachteile für sich befürchtet, bei grundlosem Zögern der Gesellschaft Auflösungsklage erheben. (II, 17. Mai 1929.) Amtl. Sammlg. S. 114—122.

Vgl. Bd. 114 S. 212, 327.

25. Vorpachtrecht. Nießbrauch. (BGB. §§ 504, 507, 581.) Über die Ausbeutung eines Steinbruchs wurde ein Pachtvertrag geschlossen. Dem Pächter und seinen Nachfolgern wurde bei gleichem Angebot ein Vorpachtrecht eingeräumt. Nach Ablauf der Pachtzeit begründete der Eigentümer des Steinbruchs ein Nießbrauchrecht. Der bisherige Pächter klagte auf Überlassung des Grundstücks zu den für das Nießbrauchrecht festgesetzten Bedingungen und auf Schadenersatz. Das Berufungsgericht gab der Klage statt; das Reichsgericht wies sie ab. Das Vorpachtrecht ist im Bürgerlichen Gesetzbuch nicht näher geregelt. Für das Vorkaufsrecht ist schon entschieden worden, daß es nicht Platz greift, wenn über die davon betroffene Sache ein Tauschvertrag oder ein aus Kauf und Schenkung gemischter Vertrag abgeschlossen wird. Leitend hiefür war nicht allein die Verschiedenheit der Rechtsbegriffe, sondern auch die verschiedene wirtschaftliche Bedeutung des für den Vorverkauf ins Auge gefaßten und des zustandegekommenen Geschäfts. Im vorliegenden Fall war die Bestellung des Nießbrauchs so gestaltet, daß die Übernahme des Vertrags durch eine andere Hand nicht anging; insbesondere hatte der Nießbraucher mit dem Eigentümer auch einen Dienstvertrag abgeschlossen, dessen Übernahme durch den bisherigen Pächter beim gespannten Verhältnis, in dem er zu dem Eigentümer stand, ausgeschlossen war. In eine weiter getroffene Vereinbarung, wonach für eine bestimmte Menge des gewonnenen Materials eine Abgabe zu zahlen war, wollte der Pächter allerdings eintreten, doch lagen bei ihm die Verhältnisse ungünstiger, da er an ein Syndikat angeschlossen und dadurch in seinem Absatz eingeschränkt war, was beim Nießbraucher nicht zutraf. Die für den Vorverkauf geltende Vorschrift, daß für Nebenleistungen, die der Vorkaufsberechtigte zu bewirken außerstande ist, deren Wert zu entrichten ist, konnte schon deshalb nicht zur Anwendung kommen, weil es sich nicht um eine Nebenleistung handelte, die Beteiligung vielmehr einen Bestandteil der Hauptleistung bildete; auch bedurfte es vorsichtiger Prüfung, ob diese auf den Verkauf zugeschnittene Vorschrift sich auf eine Vorpacht anwenden ließ. (VIII, 17. Juni 1929.)

Amtl. Sammlg. S. 123—127.
Vgl. Bd. 88 S. 361; Bd. 101 S. 99; Bd. 118 S. 5; Bd. 121 S. 137; Bd. 123 S. 265.

26. Miete. Pacht. (BGB. §§ 535, 581.) Zum Zwecke des Betriebs eines Kolonialwarengeschäfts und einer Schankwirtschaft wurden Räume vermietet. Der Mieter veräußerte das Geschäft mit der Einrichtung; der Erwerber trat in den Mietvertrag ein. Im Januar 1928 wurde das Vertragsverhältnis gekündigt und Räumungsklage erhoben. Das Berufungsgericht gab der Klage statt: das Reichsgericht wies sie ab. Die Auffassung des Berufungsgerichts, daß durch den Erwerb der Einrichtung des Geschäfts das Mietverhältnis zum Pachtvertrag geworden sei, traf nicht zu. Allerdings ist ein Pachtverhältnis anzunehmen, wenn der Verfügungsberechtigte Räume überläßt, die baulich zum Betrieb eines bestimmten Gewerbes geeignet und mit der dazu erforderlichen Einrichtung ausgestattet sind, so daß eine alsbaldige Fruchtziehung möglich ist; auch kommt es nicht darauf an, ob die Einrichtung vom Verfügungsberechtigten oder von einem Dritten überlassen wird. Es bedeutet aber doch einen Unterschied, ob der neue Inhaber der Räume in deren Besitz durch einen neuen selbständigen Vertrag mit dem Verfügungsberechtigten gelangt, der unmittelbare vertragliche Beziehungen zwischen diesem und ihm begründet, oder ob er lediglich auf Grund einer Vereinbarung mit dem bisherigen Inhaber unter Zustimmung des Verfügungsberechtigten in einen noch bestehenden oder noch laufenden Vertrag eintritt. Hier wird durch den Eintritt des neuen Inhabers an dem Vertragsverhältnis nichts geändert. Ob er die vorhandene Einrichtung mit übernimmt oder nicht, spielt für das Verhältnis der Parteien des ursprünglichen Vertrags untereinander keine Rolle. Im vorliegenden Fall war der erste Mieter für die Erfüllung des Vertrags haftbar geblieben; das Vertragsverhältnis blieb also als das bestehen, was es bis dahin gewesen war, als Mietvertrag. Der Erwerber der Einrichtung war zunächst nur Untermieter; durch den späteren Vertragsschluß mit dem Eigentümer wurde er allerdings Mieter, aber nicht Pächter. Zu dieser Zeit waren allerdings die Räume betriebsfertig eingerichtet, aber es fehlte an jedem Zusammenhang zwischen dem neuen Vertrag und dem Vertrag, durch den er die Einrichtung käuflich erworben hatte; ebenso mangelte jeder Anhalt dafür, daß die Parteien des neuen Vertrags die Einrichtung in diesen einbeziehen, sie zu seinem Gegenstand machen wollten. Der Vertrag erfaßte nur die leeren Räume und hatte nur die rechtliche Wirkung, daß der bisherige Untermieter nunmehr zum Mieter wurde. (VIII, 17. Juni 1929.) Amtl. Sammlg. S. 128—131.

Vgl. Bd. 109 S. 206.

27. Auflassung. Erbengemeinschaft. (BGB. §§ 873, 925, 2040.) Ein in die Hannoverische Höferolle eingetragenes Grundstück ging nach dem Tode des Eigentümers auf seinen Enkel über. Das Grundbuch wurde nicht berichtigt. Die Erben nahmen an, daß das Grundstück ihnen gemeinsam gehöre und verkauften es. Da der Käufer seinen Verpflichtungen nicht nachkam, klagten sie auf Schadenersatz wegen Nichterfüllung. Er wandte ein, daß die Kläger, da sie nicht Eigentümer waren, gar nicht in der Lage gewesen wären, eine wirksame Auflassungserklärung abzugeben. Das Berufungsgericht wies die Klage ab. Das Reichsgericht verwies die Sache zurück. Der Gültigkeit des Kaufvertrags stand es nicht im Wege, daß die Kläger nicht Eigentümer des Grundstücks waren; Erfüllung konnten sie aber nur verlangen, wenn sie selbst erfüllungsfähig und erfüllungsbereit waren. Miterben können über einen Nachlaßgegenstand nur gemeinsam verfügen; ihre Erklärung ist nicht auf einen Anteil am Gegenstand gerichtet, sondern betrifft den ganzen Gegenstand. Bei der Auflassung erklärt jeder Miterbe sein Einverständnis mit der Rechtsänderung wegen des Grundstücks. Bei der abstrakten Natur der Auflassung kommt es nicht entscheidend darauf an, daß der Auflassende sich der Art und des Umfangs seines Rechtes bewußt ist; seine Erklärung ist rechtswirksam, wenn er glaubt, nur Miterbe zu sein, tatsächlich aber Alleinerbe ist, und wenn auch die anderen Miterben noch die gleiche Erklärung abgeben. Es könnte höchstens noch in Frage kommen, ob er etwa die Auflassungserklärung wegen Irrtums anfechten kann. Das war nicht zu entscheiden. (VI, 30. Mai 1929.)

Amtl. Sammlg. S. 131—133.

28. **Löschungsvormerkung. Höchstbetragshypothek. Abtretung. Forderungsauswechslung.** (BGB. §§ 883, 888, 1153, 1179, 1180, 1190, 1198; ZPO. § 878; ZVG. § 115.) Auf einem Grundstück war für eine Bank eine Sicherungshypothek zum Höchstbetrag von 60000 Goldmark eingetragen. Ein nachstehender Hypothekgläubiger erwirkte die Eintragung einer Vormerkung, daß er einen Löschungsanspruch habe, falls und soweit die Hypothek der Bank sich mit dem Eigentum in einer Person vereinige. Im Juli 1925 hatte die Bank eine Forderung von rund 19000 Goldmark; diese wurde von einer Gesellschaft befriedigt und die Bank trat ihre Sicherungshypothek mit den entstandenen und noch künftig entstehenden Ansprüchen aus laufender Geschäftsverbindung an die Gesellschaft ab. Die Abtretung wurde im Grundbuch eingetragen. Die Gesellschaft gewährte dem Grundstückseigentümer weiteren Kredit; im August 1926 belief sich ihre Forderung auf rund 56000 Reichsmark. Das Grundstück kam zur Zwangsversteigerung. Im Versteigerungstermin wurde der Gesellschaft ihre Forderung voll zugewiesen, während der nachfolgende Gläubiger ausfallen sollte. Er erhob Widerspruch gegen die Zuteilung von

mehr als 19000 Reichsmark an die Gesellschaft und klagte auf Einwilligung in die Auszahlung der hienach auf ihn entfallenden Beträge. Die Klage drang durch. Bei einer Höchstbetragshypothek zur Sicherung aller Ansprüche aus einer Geschäftsverbindung kann erst beim Abschluß der Geschäftsverbindung endgültig festgestellt werden, ob und inwieweit die Hypothek durch Forderungen des Gläubigers ausgefüllt ist. Bis zu dieser abschließenden Feststellung ist die Hypothek in ihrem jeweils nicht ausgefüllten Teil als eine vorläufige, auflösende, bedingte Eigentümergrundschuld anzusehen; zur endgültigen, bedingungsfreien Eigentümergrundschuld wird sie erst durch die abschließende Feststellung, daß sie zu einem bestimmten Teil nicht ausgefüllt ist. Erst in diesem Zeitpunkt kann der Eigentümer die Berichtigung des Grundbuchs verlangen; damit ist auch der Augenblick gekommen, in dem eine Löschungsvormerkung, wie sie hier vorlag, zur Wirkung kommt. Im Falle einer Zwangsversteigerung ist das spätestens im Verteilungstermin der Fall. Der Vormerkungsberechtigte, dessen Recht im Rang der mit der Vormerkung belasteten Höchstbetragshypothek nachgeht und bei voller Berücksichtigung der Höchstbetragshypothek einen Ausfall erleiden würde, kann der Zuteilung des Erlöses auf den zur endgültigen Eigentümergrundschuld gewordenen Teil der Hypothek, der an sich dem Eigentümer gebühren würde, widersprechen und verlangen, daß dieser Betrag auf die ihm vorgehenden Zwischenberechtigten und ihn selbst nach Maßgabe der zwischen ihnen bestehenden Rangverhältnisse verteilt wird. Die Ansicht, daß der Vormerkungsberechtigte diesen Anspruch nur geltend machen kann, wenn der Eigentümer ihn anerkannt hat oder entsprechend verurteilt worden ist, trifft nicht zu; es genügt, wenn er den Anspruch im Zwangsversteigerungsverfahren geltend macht, insbesondere im Verteilungstermin Widerspruch gegen die Zuweisung des Erlösteils an den Eigentümer erhebt. Bei der Abtretung der Höchstbetragshypothek hatten die Beteiligten allerdings damit gerechnet, daß sie auch zur Deckung der von der Erwerberin zu gewährenden Kredite dienen sollte; der Kläger brauchte aber als Vormerkungsberechtigter sich den Übergang nur insoweit gefallen zu lassen, als die Hypothek zu dieser Zeit schon forderungsbekleidet war.

Grundsätzlich besteht zwar kein Bedenken dagegen, daß auch eine nicht oder nicht voll valutierte Höchstbetragshypothek zum vollen Nennbetrag abgetreten werden kann, solange das gesicherte Kreditverhältnis fortbesteht. Die Abtretung hat aber dann zur Folge, daß der nicht valutierte Teil nach wie vor zur Sicherung für künftige Forderungen des alten Gläubigers aus seiner Geschäftsverbindung mit dem Schuldner dient; sie bewirkt nicht etwa eine Erweiterung des geschützten Kreditverhältnisses in der Weise, daß nun auch künftige Ansprüche aus der Geschäftsverbindung des neuen Gläubigers mit dem Schuldner gesichert werden. Eine solche Erweiterung ließe sich nur auf dem Wege der Forderungsauswechslung nach BGB. § 1180 oder der Forderungsumwandlung nach BGB. § 1198 durchführen. Eine Forderungsumwandlung kam nicht in Frage; aber auch eine Forderungsauswechslung konnte den durch die Vormerkung gesicherten Anspruch des Klägers nicht beeinträchtigen. Ohne diese Auswechslung hätte der Eigentümer bei der Beendigung der Geschäftsverbindung mit der Bank Verzicht (Löschungsbewilligung, Berichtigungsbewilligung) in der Höhe des durch das Endguthaben aus der früheren Verbindung nicht erschöpften Teils der Höchstbetragshypothek verlangen können; damit wäre in dieser Höhe praktisch der Fall der Vereinigung von Hypothek und Eigentum eingetreten und Löschungsanspruch des Klägers wirksam geworden. In der zur Auswechslung erforderlichen Zustimmung des Eigentümers lag also, soweit sich diese auf den noch nicht forderungsbekleideten Teil der Höchstbetragshypothek bezog, eine den vorgemerkten Löschungsanspruch schmälernde Verfügung über eine zwar äußerlich verdeckte, innerlich aber vorhandene Eigentümergrundschuld. (V, 19. Juni 1929.)

Amtl. Sammlg. S. 133—143.
Vgl. Bd. 120 S. 110.

29. Genossenschaft. Nichtigkeit von Generalversammlungsbeschlüssen. Eintragung im Genossenschaftsregister. Umstellung. (GenG. §§ 7, 29, 51, 86, 97; 2. DurchfVOz. GoldBilVO. §§ 3, 47.) In einer landwirtschaftlichen Genossenschaft, die den gemeinschaftlichen Einkauf und Verkauf von Bedarfsgegenständen und Erzeugnissen zum Gegenstand hatte, war der Geschäftsanteil ursprünglich auf 10 Mark, später auf 50 Mark festgesetzt; die Haftsumme betrug jeweils den zehnfachen Betrag; es galt Pflichtbeteiligung nach der Größe der landwirtschaftlich genützten Fläche der Genossen. Eine am 13. März 1924 abgehaltene Generalversammlung befaßte sich mit der Umstellung der Geschäftsanteile und Haftsummen auf Goldmark. Der Geschäftsanteil wurde auf 0,5 Goldmark, die Haftsumme auf 5 Goldmark festgesetzt; der Beschluß wurde im Genossenschaftsregister eingetragen. In einer Generalversammlung vom 3. Juli 1925 wurde der Geschäftsanteil auf 2 Reichsmark erhöht; in einem Nachtrag zum Protokoll wurde bemerkt, daß die baren Einzahlungen nach Maßgabe der landwirtschaftlich benutzten Flächen erfolgen sollten. In das Genossenschaftsregister wurde der Nachtrag nicht eingetragen. In einer Generalversammlung vom 15. Januar 1926 wurde der Beschluß dahin richtiggestellt, daß die Erhöhung auf 2 Reichsmark nach Anteilen, nicht nach der Größe der landwirtschaftlich benutzten Flächen beschlossen worden sei. Ein Genosse erklärte seinen Widerspruch zu Protokoll und klagte auf Feststellung, daß der Beschluß der Generalversammlung vom 13. März 1924 unrichtig protokolliert und daß die Beschlüsse der Generalversammlungen vom 3. Juli 1925 und 15. Januar 1926 nichtig seien. Das Landgericht gab der Klage statt. Kurz darauf fiel die Genossenschaft in Konkurs; der Konkursverwalter nahm das Verfahren auf. Berufung und Revision hatten keinen Erfolg. Der äußerlich ordnungsmäßige Eintrag im Protokollbuch erbringt an sich den Beweis für die Richtigkeit und Vollständigkeit seines Inhalts; der Beweis des Gegenteils ist aber vorbehalten. Das Berufungsgericht hatte den Beweis als erbracht angesehen, daß der Beschluß unrichtig protokolliert worden war und daß nur die nach dem Pflichtbeteiligungstarif für die Genossen sich ergebende Anzahl von Geschäftsanteilen umgestellt werden sollte. Hiebei handelt es sich vorwiegend um Beweiswürdigung, die einem Revisionsangriff unzugänglich war. Wenn allerdings die Generalversammlung oder ihre Mehrheit sich nur über Inhalt und Tragweite des tatsächlich gefaßten Beschlusses geirrt hätten, wäre nur für eine Anfechtungsklage Raum gegeben. Das gleiche hätte gelten müssen, wenn der Vorsitzende einen anderen Beschluß, als er von der Generalversammlung gefaßt worden war, verkündet hätte. In beiden Fällen zieht die Gesetzesverletzung nicht die Nichtigkeit des Beschlusses nach sich. Das Berufungsgericht hatte aber festgestellt, daß der wirklich gefaßte Beschluß der Generalversammlung entgegen dem Wortlaut des Protokolls nur auf Umstellung der Pflichtanteile, nicht sämtlicher Geschäftsanteile ging; eine Verkündung des Beschlusses hat nicht stattgefunden, war aber auch für seine Gültigkeit nicht erforderlich. Demnach war für die weitere Beurteilung davon auszugehen, daß der tatsächlich gefaßte Beschluß nicht protokolliert, der protokollierte Beschluß nicht gefaßt worden war; daraus ergab sich als notwendige Rechtsfolge, daß es an einer wesentlichen Voraussetzung für das Zustandekommen eines gültigen Beschlusses fehlte und die Beschlüsse also unheilbar nichtig waren. Der tatsächlich gefaßte Beschluß wäre zwar an sich zulässig gewesen, hätte aber zu seiner Rechtswirksamkeit der Eintragung bedurft; diese konnte nach der Eröffnung des Konkurses nicht mehr nachgeholt werden. Die Eintragung des gefaßten Beschlusses konnte dessen Mangel nicht beheben. Allerdings kann der Eintragung und ihrer Bekanntmachung nicht jede Wirkung abgesprochen werden; wenn aber etwas ganz anderes eingetragen worden ist, als was in Wahrheit beschlossen worden ist, fehlt es der Eintragung an der rechtlichen Grundlage und sie kann keinen Bestand haben. Auf solche Fälle läßt sich auch die Vorschrift nicht anwenden, daß die Wirksamkeit der namens der Gesellschaft dritten Personen gegenüber vorgenommenenen Rechtsgeschäfte durch die Nichtigerklärung einer Genossenschaft nicht berührt wird und daß die Genossen verpflichtet sind, soweit sie eine Haftung für die Verbindlichkeiten der Genossenschaft übernommen hatten, die erforderlichen Beträge zu leisten. Auch für die Fälle nichtiger Umstellung einer Aktiengesellschaft ist die entsprechende Anwendung der für den Fall der Nichtigkeit der Aktiengesellschaft geltenden Vorschriften abgelehnt worden; für die Umstellung einer Genossenschaft muß das in erhöhtem Maße gelten. Die Umstellung der Aktiengesellschaft (und der Gesellschaft mit beschränkter Haftung) läßt den Vermögensstand der Gesellschaft völlig unberührt und bedeutet nur eine Neubewertung des vorhandenen Vermögens in der neuen Rechnungseinheit unter gleichzeitiger Anpassung der gesellschaftlichen Beteiligungsrechte; sie bezweckt nicht die Zuführung neuen Gesellschaftskapitals und damit die Schaffung weiterer Kreditunterlagen. Die Umstellung der Genossenschaft dagegen ist von dem etwa vorhandenen Vermögen grundsätzlich unabhängig; sie wird darum auch nicht von einer Eröffnungsbilanz eingeleitet und dient durch die Neufestsetzung der Anteile und Haftsummen der Erschließung neuer Geldquellen. Nach außen wird allerdings gerade bei Genossenschaften mit beschränkter Haftung durch die Eintragung der Umstellungsbeschlüsse im Genossenschaftsregister und ihre Bekanntmachung für den Verkehr der Anschein einer Erweiterung des Haftsummenkapitals erweckt und nähert sich die Bedeutung der Umstellung wirtschaftlich der Neugründung; aber trotzdem ist es nicht angängig, die Vorschrift über die Nichtigkeit der Gründung auf einen Tatbestand entsprechend anzuwenden, wo es an einem Umstellungsbeschluß, wie er eingetragen ist, überhaupt fehlt. Der Beschluß vom 3. Juli 1925 stand mit dem Beschluß vom 13. März 1924 in engstem inneren Zusammenhang; mit der Nichtigkeit dieses Beschlusses ergab sich auch seine eigene Nichtigkeit. Ihn als selbständigen Umstellungsbeschluß zu behandeln verbot schon die Tatsache, daß eine Umstellung der Haftsummen darin nicht enthalten war. Das Gleiche galt auch für den Beschluß vom 15. Januar 1926. Für seine Nichtigkeit war auch geltend gemacht worden, daß Nichtgenossen mitgestimmt hätten; das konnte aber nicht berücksichtigt werden, da hierin nur ein Anfechtungsgrund zu erblicken war und eine Anfechtungsklage innerhalb der Monatsfrist nicht erhoben worden war. (II, 21. Juni 1929.) Amtl. Sammlg. S. 143—156. Vgl. Bd. 8 S. 7; Bd. 85 S. 205; Bd. 91 S. 316; Bd. 118 S. 218; Bd. 119 S. 339; Bd. 120 S. 28, 363; Bd. 121 S. 246; Bd. 122 S. 202; Bd. 123 S. 246; Bd. 124 S. 182.

30. Genossenschaft. Satzung. Schriftform. Eintragung. Nichtigkeit. (GenG. §§ 5, 11; BGB. § 126.) Die Satzung einer Genossenschaft wurde mit Schreibmaschine geschrieben und von den drei Vorstandsmitgliedern unterzeichnet; das von 17 Personen unterzeichnete Gründungsprotokoll erklärte, daß die in der Anwesenheitsliste verzeichneten Personen die Gründung der Genossenschaft beschlossen hätten. Die Genossenschaft wurde in das Handels-

register eingetragen. Als sie in Konkurs geriet, klagten mehrere Genossen auf Feststellung, daß die Satzung der vorgeschriebenen Schriftform entbehre und daß die Genossenschaft demzufolge nichtig sei. Die Klage wurde abgewiesen. Das Genossenschaftsgesetz schreibt für die Satzung Schriftform vor. Diesem Erfordernis war genügt. In dem Gründungsprotokoll, das von 17 Personen unterzeichnet war, erklärten diese, daß sie die Satzung annähmen; das hatte dieselbe Wirkung, wie wenn sie die Satzung selbst unterzeichnet hätten. Die Satzung war mit dem Gründungsprotokoll eingereicht und diesem als dauernde Anlage beigefügt worden, bildete also mit ihm eine Einheit; die Unterschriften unter dem Gründungsprotokoll deckten auch den gesamten Inhalt der Satzung. (II, 21. Juni 1929.) Amtl. Sammlg. S. 156—159.
Vgl. Bd. 107 S. 294.

31. Unlauterer Wettbewerb. Rechtskraft. Veränderte Verkehrsauffassung. (UnlWG. § 1; ZPO. § 322.) Eine Weinbrennerei klagte im Jahre 1913 gegen eine im gleichen Jahre gegründete Firma, die gleich ihr das Wort „Scharlachberg" in ihrer Bezeichnung führte, auf Löschung dieser Bezeichnung. Die Klage wurde abgewiesen; das Urteil erlangte Rechtskraft. Im Jahre 1928 erhob dieselbe Weinbrennerei gemeinsam mit einer anderen neuerdings Klage auf Unterlassung der Bezeichnung „Scharlachberg" sowohl für das Unternehmen als für die Waren und auf Schadenersatz. Die Klage wurde in allen Rechtszügen abgewiesen. Der Klage auf Unterlassung stand die Rechtskraft des früheren Urteils entgegen. Die Kläger hatten allerdings geltend gemacht, daß seit dem früheren Urteil die Verkehrsauffassung und die Rechtsprechung sich geändert hätten. Sie hatten Rechtsgutachten vorgelegt, die dahin gingen, daß die Rechtskraft eines Urteils keine Ersitzung des Rechts auf Fortsetzung eines Verhaltens begründe, das zwar damals gestattet worden sei, das aber nach den geläuterten späteren Anschauungen als sittenwidrig verworfen werden müsse. Das Reichsgericht erklärte dazu, daß, wenn diese Ansicht richtig wäre, die Rechtskraft überall außer Betracht bleiben müßte, wo bei unverändertem Tatbestand die rechtliche Bewertung der Tatsachen durch die Rechtsprechung sich gewandelt habe; das würde aber bedeuten, daß in diesem

Falle alle Urteile trotz Rechtskraft unbeachtlich würden, bei denen die Entscheidung auf einer älteren, neuerdings aufgegebenen Gesetzesauslegung beruhte. Die Kläger hatten allerdings eine Änderung der Sachlage behauptet, da zur Zeit des Vorprozesses beide Parteien nur Betriebe von geringem Umfange hatten, inzwischen aber groß geworden seien und daß durch die erste Klägerin das Schlagwort „Scharlachberg" inzwischen zu Ansehen und zur Anerkennung als Kennzeichnung ihres Unternehmens gebracht hätte, wovon die beklagte Firma in unzulässiger Weise Nutzen ziehe. Das hätte trotz der Rechtskraft des früheren Urteils zu einer Neuprüfung genötigt, wenn das damals entscheidende Gericht hierauf Gewicht gelegt hätte; denn für die Grenzen der Rechtskraft kommt es darauf an, welche Bedeutung der Formel eines Urteils, erläutert durch die Entscheidungsgründe, zukommt. Haben sich aber tatsächliche Verhältnisse geändert, die für die Entscheidung im Vorprozeß nach der Begründung unerheblich waren, so ist der später angerufene Richter an die Entscheidung des Vorprozesses gebunden. Im früheren Urteil war ausgeführt, daß eine Verwechslungsgefahr nicht bestünde, weil die vorhandenen Unterscheidungsmerkmale ausreichten, die Waren verschieden seien und deshalb auch kein Wettbewerb der Parteien stattfinde; von einem sittenwidrigen Verhalten der beklagten Firma könne deshalb nicht die Rede sein, zumal beide Parteien das Schlagwort „Scharlachberg" unabhängig voneinander von dem wegen seiner vorzüglichen Weine bekannten Scharlachberg ableiteten. Es war deshalb auch unerheblich, ob man jetzt die Frage der Verwechslungsgefahr oder des Verstoßes gegen die guten Sitten auf Grund des im Vorprozeß behandelten Sachverhalts vielleicht anders entscheiden würde. Unrichtig war auch, daß die Rechtskraft des früheren Urteils deshalb nicht in Betracht kam, weil es sich jetzt um andere Klageansprüche handelte. Die Rechtskraftwirkung kommt nicht nur bei völliger Gleichheit der Klageansprüche im Vor- und Nachprozeß in Betracht; es handelte sich im Vorprozeß wie im Nachprozeß gleichmäßig um einen aus dem Verstoß gegen die guten Sitten abgeleiteten Unterlassungsanspruch, der nach ständiger Rechtsprechung, wenn die zu unterlassende Handlung in der Führung einer eingetragenen Firma besteht, ohne weiteres das Recht auf

Löschung der Firma in sich schließt. Dem Schadenersatzanspruch der Klägerinnen stand entgegen, daß von einem Verstoß der beklagten Firma gegen die guten Sitten keine Rede sein konnte, solange sie nach Abweisung der Klage im Vorprozeß nichts weiter getan hatte als das, wozu sie nach diesem Urteil berechtigt war; die beklagte Firma hatte das Urteil weder erschlichen noch in einer über den Sinn und Zweck der Entscheidung hinausgehenden Weise ausgebeutet. Die zweite Klägerin führte das Wort Scharlachberg nicht in ihrer Firma, benutzte es auch sonst nicht; sie stützte die Klage nur darauf, daß die erste Klägerin das Wort Scharlachberg berühmt gemacht habe und daß die beklagte Firma durch den Gebrauch dieses Wortes einen unlauteren Wettbewerb ausübe. Wenn aber sogar die erste Klägerin gegen das Verhalten der beklagten Firma nicht einschreiten konnte, kam ein solches Recht um so weniger der zweiten Klägerin zu. (II, 25. Juni 1929.) Amtl. Sammlg. S. 159—166. Vgl. Bd. 50 S. 419; Bd. 54 S. 50; Bd. 80 S. 323; Bd. 95 S. 294; Bd. 111 S. 71.

32. **Kartell. Sperre** (KartVO. §§ 1, 9; BGB. §§ 31, 823.) Die Mineralwassergroßhändler Deutschlands sind zu einem Verein zusammengeschlossen, der den Zweck hat, die gemeinsamen Interessen seiner Mitglieder zu vertreten. Durch ein Schreiben des Vereins wurde dem Vorsitzenden des Leipziger Drogistenvereines mitgeteilt, daß eine Mineralwasservertriebsgesellschaft in Leipzig von den dem Verein angeschlossenen Brunnenverwaltungen nicht mehr beliefert werde. Die Gesellschaft beantragte eine einstweilige Verfügung auf Untersagung der Sperre; sie drang damit durch. Auch die Klage auf Aufhebung der Sperre und Schadenersatz hatte in zwei Rechtszügen Erfolg; das Reichsgericht verwies die Sache zurück. Der klagende Verein bestritt, daß die Kartellverordnung auf ihn Anwendung finde, da er nur ein loser Verein zur Förderung von gemeinsamen Interessen seiner Mitglieder sei und auf deren Erzeugung und Absatz keinen Einfluß übe. In seiner Satzung war die Verhängung von Sperren vorgesehen, der Vertrag (als welcher auch der Zusammenschluß zu einer Körperschaft zu verstehen ist) enthielt also Verpflichtungen über die Handhabung des Absatzes und fiel demgemäß unter die Kartellverordnung;

auch der Zweck, den Markt in bestimmter Weise wesentlich zu beeinflussen, war gegeben. Die Vorschriften der Kartellverordnung über Sperren beziehen sich auch auf Sperren gegen Abnehmer, nicht nur auf solche gegen Mitglieder des Kartells. Hienach bedurfte der beklagte Verein der Einwilligung des Vorsitzenden des Kartellgerichts, wenn er eine Lieferungssperre gegen die klagende Gesellschaft verhängen wollte; tat er das ohne eine solche Einwilligung, so verstieß er gegen ein Schutzgesetz und war für den daraus entstehenden Schaden verantwortlich. Wenn der Vorstand des beklagten Vereins Weisungen dieser Art erteilte, haftete dafür der Verein, denn der Vorstand handelte in Ausführung der ihm zustehenden Verrichtungen; ob er sich dabei auf einen Beschluß der Mitgliederversammlung stützte oder eigenmächtig handelte, war gleichgültig, denn diese Frage berührte nur seine Verantwortlichkeit im Innenverhältnis, nicht aber Haftung des Vereins nach außen. Rechtlich bedenklich war das Urteil des Berufungsgerichts nur insofern, als der Beklagte nur für den von ihm verursachten Schaden einzustehen hatte; soweit seine Mitglieder den Geschäftsverkehr mit der klagenden Firma unbeeinflußt durch den beklagten Verein abgebrochen hatten, lag kein durch den beklagten Verein verursachter Schaden vor. Zur Prüfung dieser Frage wurde die Sache zurückverwiesen. (VI, 27. Juni 1929.) Amtl. Sammlg. S. 166—171.

Vgl. Bd. 114 S. 212, 265, 327.

33. Anfechtung der Ehe. Geisteskrankheit. Beweislast. (BGB. § 1333.) Gegen ein Urteil, durch das eine Ehe wegen alleinigen Verschuldens der Frau geschieden wurde, legte diese Berufung ein und behauptete, sie sei wegen geistiger Erkrankung für ihre Handlungen nicht verantwortlich. Der Kläger schloß sich der Berufung an, verlangte Scheidung der Ehe wegen Geisteskrankheit und focht zugleich die Ehe wegen Irrtums über die geistige Gesundheit der Beklagten an. Das Berufungsgericht schied die Ehe wegen Geisteskrankheit, wies aber die Anfechtungsklage ab. Das Reichsgericht verwies die Sache zurück. Krankhafte geistige oder seelische Veranlagung ist als eine persönliche Eigenschaft anzusehen; ein Irrtum hierüber kann zur Anfechtung der Ehe Anlaß geben. Hatte die später ausgebrochene Geisteskrankheit der Beklagten ihren Ursprung in einer Veranlagung, die schon bei der Eheschließung vorhanden war, so beruhte ihr Ausbruch auf natürlicher Notwendigkeit, es sei denn, daß besondere Umstände den Krankheitsausbruch verursachten. Die Frage, ob erhebliche, dem gewöhnlichen Verlauf der Dinge nicht entsprechende Schädigungen den Ausbruch der Geisteskrankheit herbeiführten, bedurfte eingehender Prüfung durch den Tatrichter; eine besondere Beweispflicht des Anfechtungsklägers, daß die Geisteskrankheit hievon nicht abhing, war aber nur anzuerkennen, wenn bestimmte Anhaltspunkte für derartige Schädigungen hervortraten. (VII, 28. Juni 1929.)

Amtl. Sammlg. S. 172—174.
Vgl. Bd. 73 S. 134.

34. Verlagsvertrag. Absonderungsrecht. (VerlG. § 13.) In einem Leitfaden für den Schreibunterricht waren verschiedene Schreibfedern als für den Unterricht besonders geeignet bezeichnet. Auf eine Anregung des preußischen Ministeriums für Wissenschaft, Kunst- und Volksbildung, das den Leitfaden den Schülern empfohlen hatte, fragte der Verleger bei den Erben des Verfassers an, ob bestimmte Stellen des Leitfadens geändert werden könnten. Die Erben lehnten das ab. Der Verleger klagte auf Feststellung, daß er berechtigt sei, die Änderungen vorzunehmen. Die Klage wurde in allen Rechtszügen abgewiesen. Das Gesetz erklärt solche Änderungen an einem Werk für zulässig, für die der Verfasser seine Einwilligung nach Treu und Glauben nicht versagen kann. Diese Vorschrift bedeutet für den Verlagsvertrag eine Einzelanwendung des allgemeinen Grundsatzes, daß Verträge so auszulegen sind, wie Treu und Glauben mit Rücksicht auf die Verkehrssitte es erfordern. Sie ist als Ausnahme eng auszulegen; ihr Zweck ist, das Persönlichkeitsrecht des Urhebers an seinem Werk zu schützen. Allerdings kann der Verleger durch Sachkenntnis und einfühlendes Verständnis sich einem Werke so verbunden fühlen, daß er sich für berechtigt hält, ein der besonderen Berufstätigkeit entsprechendes eigenes Persönlichkeitsrecht geltend zu machen und zugunsten des Werkes mit Änderungen einzugreifen; stößt er aber auf einen anders gerichteten Willen des Verfassers, so muß er ihm weichen; daß es sich auf der Seite der Beklagten um Rechtsmißbrauch oder zweckwidrigen Eigensinn handelte, war nicht ersichtlich. Der Kläger hatte auch verlangt, den Rest der Auflage zum Selbstkostenpreis verkaufen zu dürfen. Dafür fehlte jede gesetzliche Grundlage. Der Absatz der Auflage war durch die Verweigerung der Änderung nicht gefährdet; auch wenn die angeregten Änderungen wünschenswert waren, war doch nicht ersichtlich, warum die Änderung auf dem vom Kläger vorgeschlagenen Wege ungewöhnlich beschleunigt werden sollte. (I, 13. Juli 1929.) Amtl. Sammlg. S. 174—179.

35. Aufwertung. Rechtskraft. Kaufgeldforderung. Hypothek. (AufwNov. §§ 15, 17.) Im Juni 1921 wurde ein Anwesen verkauft. In Anrechnung auf den Kaufpreis übernahm der Käufer eine Darlehenshypothek. Diese wurde später an den Verkäufer abgetreten. Auf Grund des Aufwertungsgesetzes beantragte der Verkäufer, die der Hypothek zugrunde liegende persönliche Forderung auf Kaufgeldforderung aufzuwerten. Die Aufwertungsstelle lehnte das ab, weil durch die Übernahme der Hypothek die Kaufgeldforderung getilgt worden sei. Der Beschluß wurde rechtskräftig. Nach Erlaß der Novelle zum Aufwertungsgesetz beantragte der Verkäufer Aufwertung der persönlichen Forderung auf 400% des Goldmarkbetrags. Die Aufwertungsstelle lehnte den Antrag neuerdings ab. Das Kammergericht wollte der unmittelbar eingelegten weiteren Beschwerde stattgeben, legte aber wegen eines entgegenstehenden Beschlusses des Oberlandesgerichts Hamburg die Sache dem Reichsgericht vor. Dieses bestätigte die angefochtene Entscheidung. Der Anwendung der Aufwertungsnovelle stehen rechtskräftige Entscheidungen nicht entgegen, die auf Grund des Aufwertungsgesetzes ergangen sind; die frühere Entscheidung muß über einen in der Aufwertungsnovelle geregelten Tatbestand eine von deren Bestimmungen abweichende Regelung getroffen haben. Das war aber hier nicht der Fall. Die Novelle regelt die Aufwertung von hypothekarisch gesicherten Kaufgeldforderungen; durch die frühere Entscheidung war aber festgestellt, daß eine solche Forderung nicht vorlag. Diese Entscheidung mußte der Beschwerdeführer auch jetzt noch gegen sich gelten lassen; die Novelle griff insoferne nicht rückwirkend ein. (V, 3. Juli 1929.) Amtl. Sammlg. S. 179—181.

36. Patent. Weiterbenutzungsrecht. (RG. v. 6. Juli 1921 über die Sicherung von gewerblichen Schutzrechten deutscher Reichsangehöriger im Ausland). Für Tabelliermaschinen waren zwei deutsche Patente erteilt (333 413 und 406 744). Die amerikanische Priorität war für das erste Patent vom 17. Dezember 1915 an, für das zweite vom 11. März 1914 an beansprucht. Die Inhaber des ersten Patents klagten gegen die Inhaber des zweiten auf Feststellung, daß diese nicht berechtigt seien, ihnen die Herstellung von Maschinen nach dem Patent 333 413 zu verbieten. Die Klage drang durch. Nach dem Gesetz vom 6. Juli 1921 können den Angehörigen ausländischer Staaten hinsichtlich ihrer gewerblichen Schutzrechte Vergünstigungen, die über den Versailler Vertrag hinausgehen, gewährt werden, wenn und soweit es erforderlich ist, um Deutschen den Genuß gleichartiger Vergünstigungen im ausländischen Staate zu verschaffen. Auf Grund dieser Bestimmung wurde den Angehörigen der Vereinigten Staaten von Amerika die für die Anmeldung gewerblicher Schutzrechte vorgesehenen Prioritätsfristen, soweit sie nicht schon am 1. August 1914 gelaufen waren, bis zum 3. September 1921 verlängert; bis dahin konnte die Prioritätserklärung über Zeit und Land der Anmeldung nachgeholt werden. Die gutgläubigen Dritten zustehenden Rechte blieben unberührt. Für das erste Patent war die Anmeldung schon am 5. April 1917 erfolgt, für das zweite erfolgte sie am 31. August 1921. Die Klägerinnen beriefen sich darauf, daß sie zufolge der ersten Anmeldung die Rechte aus dem Patent 333 413 gutgläubig erlangt hätten. Das traf zu; diese Vorschrift gilt nicht nur für Deutsche, sondern für Angehörige jeden Verbandsstaates. Die Auffassung, daß Benutzungshandlungen nachgewiesen werden müßten, bloße Patentanmeldung aber nicht genüge, um Befugnisse gegen die amerikanische Priorität durchzusetzen, ist nicht haltbar. (I, 3. Juli 1929.)

Amtl. Sammlg. S. 182—186.

Vgl. Bd. 114 S. 254.

37. Religionsgemeinschaften. Besteuerungsrecht. Zuschußleistungen der Gemeinden. Pfarrmatrikel. Evangelisches Kirchenrecht. (RVerf. Art. 137, 138, 173.) In der Matrikel einer Pfarrei in Sachsen-Weimar war eingetragen, daß die Pfarrwohnung von der Gemeinde, für

welche die Pfarrei bestimmt war, zu bauen und zu erhalten sei. Die Matrikel war von dem Pfarrer und von den Vertretern der Gemeinde unterschrieben. Von der Landesregierung war sie genehmigt. Im Jahre 1928 wurden Ausbesserungsarbeiten am Pfarrhaus notwendig; die Pfarrei führte sie auf ihre Kosten aus und klagte gegen die Gemeinde auf Ersatz. Der Anspruch wurde dem Grunde nach für berechtigt anerkannt. Durch die Vereinbarung, welche die Pfarrei mit der Gemeinde unter Bestätigung der Landesregierung über die Pfarrbaulast, ein kirchenrechtliches Verhältnis, abgeschlossen hatte, war zwar kein privatrechtlicher Anspruch im Sinne der heutigen Rechtsanschauung begründet worden, wohl aber ein rechtlicher Anspruch, der nach Art eines privatrechtlichen zu behandeln, insbesondere dem Rechtsweg zugänglich war. Daß die Matrikel nicht nur einen Anspruch der Pfarrei aufstellte, sondern eine vertragsmäßige Verpflichtung begründete, hatte das Berufungsgericht festgestellt. Da es ein gemeines evangelisches Kirchenrecht wegen Fehlens einer Gesamtkirche nicht gab, alles evangelische Kirchenrecht vielmehr Partikularrecht der einzelnen Landeskirchen war, handelte es sich bei dieser Feststellung um eine Entscheidung über das Bestehen und den Inhalt des in Sachsen-Weimar damals geltenden Landeskirchenrechts; diese Feststellung war für das Revisionsgericht bindend. Die Wirksamkeit der Vereinbarung wurde durch die Reichsverfassung nicht aufgehoben. Daraus, daß die Reichsverfassung nur die Leistungen des Staates gegenüber den Religionsgemeinschaften, nicht aber jene der Gemeinden erwähnt, folgert nicht, daß diese fortgefallen sind. Auch aus dem durch die Reichsverfassung begründeten Recht der öffentlichen Religionsgemeinschaften, Steuern zu erheben, folgt nicht, daß die Religionsgemeinschaften die zur Durchführung ihrer Aufgaben erforderlichen Mittel nur durch Kirchensteuern aufbringen dürfen und daß die rechtlichen Verpflichtungen anderer Personen und Körperschaften zu Leistungen für solche Zwecke aufgehoben sind. (IV, 4. Juli 1929.) Amtl. Sammlg. S. 186—191.
Vgl. Bd. 11 S. 212; Bd. 102 S. 12; Bd. 111 S. 146, 213; Bd. 113 S. 397.

88. Arbeitsgericht. Ruhegehalt. (ArbGG. § 2.) Eine Aktiengesellschaft hatte für ihre Angestellten eine Ruhegehaltskasse begründet, der diese beizutreten verpflichtet waren; die Kasse hatte selbständige Rechtspersönlichkeit. Ein früherer Angestellter, der Mitglied der Kasse geworden war, klagte auf Zahlung des entsprechenden Ruhegehalts. Die Aktiengesellschaft berief sich auf Unzuständigkeit des Gerichts, da die Sache vor das Arbeitsgericht gehöre. Die Einrede wurde verworfen. Der Kläger war zu der Kasse in keinem Arbeitsverhältnis gestanden; seine Beziehung zu der Kasse war auch nicht als eine Nachwirkung seines Arbeitsverhältnisses zu der Aktiengesellschaft anzusehen. Daß die Kasse zu der Aktiengesellschaft in rechtlichen und wirtschatlichen Beziehungen stand, beeinträchtigte ihre Selbständigkeit nicht. (III, 5. Juli 1929.)

Amtl. Sammlg. S. 191—192.

Vgl. Bd. 124 S. 135; RAG. Bd. 1 S. 61; Bd. 2 S. 279.

39. Versicherung. Anzeige über Veräußerung. Gutsübergabevertrag. Rechtsunkenntnis. Mitverschulden. (VersVertrG. §§ 6, 69, 70, 71; BGB. § 254.) Ein Gutsbesitzer überließ sein ganzes Anwesen mit der Einrichtung an seine Tochter. Zu der Einrichtung gehörte auch ein Kraftwagen, der gegen Brandschaden versichert war. Als der Wagen durch Feuer zerstört wurde, verweigerte die Versicherungsgesellschaft die Entschädigung mit der Begründung, daß ihr die gesetzlich vorgeschriebene Anzeige über die Veräußerung nicht erstattet worden sei. Das Berufungsgericht gab der Klage des Gutsbesitzers statt. Das Reichsgericht wies sie ab. Der Gutsüberlassungsvertrag war als ein Veräußerungsvertrag im Sinne des Gesetzes über den Versicherungsvertrag anzusehen. Eine Gesamtrechtsnachfolge ist bei ihm nicht gegeben, wenn er auch vorgreifend eine Rechtslage zu schaffen bezweckt, wie sie sich im Falle einer Erbfolge ergeben würde. Die Veräußerung der versicherten Sache hat an sich die Beendigung des Versicherungsverhältnisses zur Folge; da aber die so entstehende Lage weder für den Versicherer noch für den Erwerber befriedigend wäre, ist der Eintritt des Erwerbers in die Rechte und Pflichten aus dem Versicherungsvertrag vorgeschrieben, zugleich aber sowohl ihm als dem Versicherer ein Kündigungsrecht gewährt und, um dem Versicherer die Ausübung dieses Rechtes zu ermöglichen, dem Versicherten und dem Erwerber die Pflicht zur Anzeige auferlegt. Die Vorschrift trifft zwar jene Fälle nicht, in denen die versicherte Sache und das Interesse an ihr auf Grund einer Rechtstatsache übergehen, die schon an und für sich den Eintritt des Erwerbers in das Versicherungsverhältnis mit sich bringt; zu diesen gehören aber Gutsüberlassungsverträge nicht. Das Berufungsgericht hatte der Klage aus dem Grunde stattgegeben, weil dem Kläger, als einem Nichtjuristen, nicht bewußt geworden sei, daß er eine Anzeige zu erstatten habe, zumal der Versicherungsschein und seine Anlagen nichts davon enthielten. Eine derartige Begünstigung der rechtsunkundigen Personen steht im Widerspruch mit dem Grundsatz, daß Rechtsunkenntnis im allgemeinen von jedem selbst zu vertreten ist. Es war auch kein Mitverschulden der Versicherungsgesellschaft darin zu finden, daß sie auf die Anzeigepflicht im Versicherungsschein nicht besonders hingewiesen hatte; erfahrungsgemäß werden solche Hinweise von den in Versicherungsfragen nicht besonders bewanderten Personen ohnehin selten bemerkt. (VII, 5. Juli 1929.) Amtl. Sammlg. S. 193—196.

Vgl. Bd. 82 S. 277; Bd. 117 S. 270.

40. Genossenschaft. Geschäftsanteile. Auflösung. Schadenersatz. (BGB. §§ 249, 286, 287, 812, 818; GenG. §§ 91, 137.) Nach der Satzung einer Genossenschaft hatte jeder Genosse mindestens einen Geschäftsanteil und bei einer landwirtschaftlich genutzten Fläche von mehr als 25 Morgen für je angefangene weitere 25 Morgen einen weiteren Geschäftsanteil zu erwerben. Durch einen Beschluß vom 28. Mai 1926 wurde der Geschäftsanteil auf 240 Reichsmark, die Haftsumme auf 400 Reichsmark festgesetzt; der Beschluß wurde am 7. Juni 1926 in das Genossenschaftsregister eingetragen. Am 28. Juni 1926 wurde die Auflösung der Genossenschaft beschlossen; der Beschluß wurde am folgenden Tag in das Genossenschaftsregister eingetragen. Ein Genosse hätte nach der Satzung zu den von ihm übernommenen 10 Geschäftsanteilen noch weitere 79 Anteile zu erwerben gehabt, hatte dieser Verpflichtung aber nicht genügt. Die in Liquidation getretene Genossenschaft klagte auf Zahlung der entsprechenden Beträge, wurde aber abgewiesen; das Urteil wurde vom Reichsgericht bestätigt. Nunmehr erhob die Genossenschaft Klage auf Schadenersatz wegen schuldhafter Verletzung der genossenschaftlichen Beteiligungspflicht. Auch hiemit hatte sie nur teilweisen Erfolg. Mit der Auflösung der Genossenschaft war die Übernahme weiterer Geschäftsanteile unmöglich geworden; da die Genossenschaft in freier Betätigung der Selbstverwaltung auf diese Weise selbst den Erfüllungsanspruch zum Untergang gebracht hatte, konnte sie nicht hinterher einen Schadenersatzanspruch wegen Nichterfüllung geltend machen. Die Verpflichtung des Beklagten ging auch nicht auf Zahlung der den zu übernehmenden Geschäftsanteilen entsprechenden Summe, sondern auf Übernahme dieser Geschäftsanteile: diese Übernahme hätte für ihn auch Rechte begründet. Wären diese Rechte nicht entstanden, so hätte der Kläger auch die geleisteten Zahlungen nach den Grundsätzen über die Herausgabe einer ungerechtfertigten Bereicherung zurückfordern können. Ohne den Auflösungsbeschluß hätte die Klägerin die Einzahlung erzwingen können; diese Möglichkeit hatte sie sich selbst durch den Auflösungsbeschluß genommen. Nur für den durch die Verzögerung der Einzahlung entstandenen Schaden konnte sie Ersatz fordern. (II, 5. Juli 1929.) Amtl. Sammlg. S. 196—202. Vgl. Bd. 117 S. 116.

41. Hauptverkehrsweg. Vorfahrtsrecht. (KraftfahrzG. §§ 7, 9, 17; KraftFahrzVO. §§ 17, 18, 21.) Zwei Kraftwagen, ein Autobus und ein leichterer Wagen, stießen an einer Straßenkreuzung zusammen. Der Autobus war zuerst in die Kreuzung eingetreten; er fuhr mit einer Geschwindigkeit von 6—9 Kilometer die Stunde. Der andere Wagen hatte eine Geschwindigkeit von 30—35 Kilometer. Die Klage des Eigentümers des Kraftwagens auf Schadenersatz wurde vom Berufungsgericht abgewiesen. Das Reichsgericht verwies die Sache zurück. Die Straßen, auf denen sich die beiden Fahrzeuge bewegten, waren gleichwertig; demgemäß konnte keine gegenüber der anderen als Hauptverkehrsweg angesehen werden. Der Wagen des Klägers kam von rechts, hatte also an sich das Vorfahrtsrecht. Dieses Vorfahrtsrecht geht aber nicht so weit, daß das von links kommende Fahrzeug die Überquerung der Kreuzungsstelle schon unterlassen müßte, wenn von rechts her ein Fahrzeug sichtbar wird; anderseits hängt das Vorfahrtsrecht aber auch nicht davon ab, daß die beiden Fahrzeuge annähernd gleichzeitig am Kreuzungspunkt anlangen. Der Führer des an sich zur Gestattung der Vorfahrt verpflichteten Fahrzeugs darf nur dann vorfahren, wenn er nach Lage der gesamten Umstände mit Gewißheit annehmen kann, daß er die Kreuzungsstelle schon zu dem Zeitpunkt überquert haben wird, in dem das andere Fahrzeug den Schnittpunkt der Fahrtlinien erreicht hat. Darauf, daß der Vorfahrberechtigte seine bis dahin eingehaltene hohe Fahrgeschwindigkeit noch im letzten Augenblick herabsetzen werde, darf der zur Duldung der Vorfahrt verpflichtete Führer nicht rechnen. Hiernach traf den Führer des Autobus ein Verschulden. Er fuhr einen langen, schweren und nicht rasch zu bremsenden Wagen; auch war ihm durch eine hohe Mauer der Blick auf die kreuzende Straße verwehrt. Unter solchen Umständen durfte er nur mit größter Vorsicht in die Kreuzung hineinfahren. Ob er dieser Pflicht genügt hatte, war noch zu prüfen. (VI, 8. Juli 1929.)

Amtl. Sammlg. S. 203—209.

42. Schankpachtvertrag. Genehmigung. Kastellanvertrag. Teilweise Nichtigkeit. (BGB. §§ 134, 139, 140; GewO. §§ 33, 147.) Eine Schankwirtschaft wurde an eine Brauerei und von dieser an einen Wirt weiterverpachtet. Die Genehmigung war der Verpächterin erteilt; sie bezeichnete der Behörde gegenüber den Wirt als ihren Vertreter. Als sie mit ihm in Streit kam, erhob sie Räumungsklage mit der Behauptung, daß die Pachtverträge gesetzwidrig und nichtig seien. In zwei Rechtszügen drang die Klage durch. Das Reichsgericht wies sie ab. Die Vereinbarung über die Vertretung der Klägerin in der Ausübung der Wirtschaft und der Kastellanvertrag zwischen der Klägerin und dem Wirt verstießen gegen die Gewerbeordnung und waren deshalb nichtig; diese Nichtigkeit ergriff aber die übrigen Vereinbarungen nicht. Die Annahme des Berufungsgerichts, daß diese Vereinbarungen nur Hilfsabmachungen gewesen seien, um den Parteien Sicherheit zu geben, daß sie in ihrem ungesetzlichen Verhalten nicht gestört würden, war nicht begründet. Es soll zwar Parteiabreden nicht gelingen, gegen das gesetzliche Verbot Vertragsrecht zu schaffen; doch liegt es nicht im Sinne des Gesetzes, erlaubte Parteizwecke zu vereiteln, damit um so stärker der dazu gesuchte verbotene Weg verpönt wird. (VIII, 8. Juli 1929.)

Amtl. Sammlg. S. 209—213.

Vgl. Bd. 91 S. 238; Bd. 112 S. 138; Bd. 121 S. 99.

43. Schuldscheindarlehen. (AnlAblG. §§ 30, 40; 2. DurchfVOzAnlAblG. § 16.) Eine Bank gab im Jahre 1921 einer städtischen Sparkasse ein Darlehen. Der Vorsitzende des Sparkassenvorstandes stellte darüber ein Sparbuch aus, das einen von zwei Beamten der Sparkasse unterschriebenen Vermerk enthielt, daß das Darlehen zu näher angegebenen Zins- und Rückzahlungsbedingungen gegeben worden sei. Die Klage der Bank auf Aufwertung des Darlehens wurde in zwei Rechtszügen abgewiesen. Das Reichsgericht verwies die Sache zurück. Das Berufungsgericht hatte die Abweisung damit begründet, daß auf Schuldscheindarlehen öffentlicher Sparkassen, für deren Verpflichtungen die Gemeinde hafte, die Vorschriften des Anleiheablösungsgesetzes Anwendung zu finden hätten. Die Revision hatte dem entgegengehalten, daß über das Darlehen kein Schuldschein ausgestellt worden sei. Ein Schuldschein ist nur eine Beweisurkunde, gegenüber der dem Schuldner der Gegenbeweis offen steht, daß eine Darlehensverpflichtung nicht entstanden ist. Er unterliegt darum nicht den Vorschriften, welche Gemeinden, Sparkassen usw. nach Gesetz oder Satzung bei solchen Urkunden zu beobachten haben, durch die eine Verpflichtung für sie begründet werden soll. Erforderlich ist nur, daß der Schuldschein vom Darlehensschuldner ausgestellt wird. Eine Sparkasse kann auch in einem von ihr ausgestellten Sparbuch, wenn dieses auch nach Aufdruck und Satzung nur für Sparer bestimmt ist, eine Darlehensschuldverpflichtung bescheinigen; die Bescheinigung muß aber dann von Personen ausgehen, die zur Ausstellung solcher Bescheinigungen zuständig sind. Dieses Erfordernis war nicht erfüllt. Der vom Vorsitzenden des Sparkassenvorstands unterschriebene Vermerk sagte nur, daß das Buch auf den Namen der Klägerin ausgestellt worden sei; auf den weiteren Inhalt des Buches bezog sich die Unterschrift nicht. Die folgenden Eintragungen waren selbständige Beurkunden, die als solche mit besonderer Zeitangabe und Unterschrift vollzogen wurden. Sie trugen die Unterschrift eines Kassenführers und eines Gegenbuchführers; diese waren aber nur berechtigt, Eintragungen in die Sparbücher zu beurkunden, nicht aber Darlehensverpflichtungen der Sparkasse. Dadurch, daß diese Beurkundung in der Form der Ausstellung eines

Sparbuches erfolgte, konnte die Zuständigkeit der Beamten nicht erweitert werden. Demzufolge war die Auffassung des Berufungsgerichts nicht zu halten. Zu prüfen war aber, ob die Sparkasse als ein Bankunternehmen anzusehen war. (IV, 8. Juli 1929.)

Amtl. Sammlg. S. 213—215.
Vgl. Bd. 117 S. 60; Bd. 123 S. 85.

44. Zwangsverstaatlichung einer Eisenbahn. Heimfallrecht. Rechtsweg. (GVG. § 13; PrEisBG. vom 3. November 1838 § 42.) Der Reichsverkehrsminister eröffnete einer Eisenbahngesellschaft, daß er beabsichtige, die Bahn für das Reich zu erwerben; der preußische Minister für Handel und Gewerbe übertrug das der preußischen Staatsregierung zustehende Recht, das Eigentum der Eisenbahngesellschaft zu erwerben, auf das Reich. Die Verhandlungen führten zu keinem Ziel. Das Reich erhob Klage mit folgendem Antrag:

1. festzustellen, daß die beklagte Eisenbahngesellschaft zur Übergabe der von ihr betriebenen Privateisenbahn an das Reich verpflichtet sei,

2. festzustellen, daß der Entschädigung die Dividenden für die Geschäftsjahre 1920—1924 zugrunde zu legen seien,

3. festzustellen, daß die Umrechnung nach der Tabelle des Aufwertungsgesetzes zu erfolgen habe,

4. hilfsweise: einen anderen Umrechnungsschlüssel zu bestimmen,

5. hilfsweise: die Eisenbahngesellschaft zu verurteilen, dem Deutschen Reich die Eisenbahn zu überlassen, sobald sie gemäß den vorstehenden Grundsätzen entschädigt worden wäre.

In allen Rechtszügen wurde die Klage abgewiesen. Das im preußischen Gesetz über die Eisenbahnunternehmungen vom 3. November 1838 geordnete gesetzliche Erwerbsrecht des Staates ist ein Enteignungsrecht. Nach dem preußischen Landesrecht war bestimmt, daß der Staat den Eigentümer einer Sache zu deren Verkauf zu zwingen nur berechtigt sei, wenn das zum Wohle des Gemeinwesens notwendig sei; ob eine solche Notwendigkeit vorliege, habe das Staatsoberhaupt zu bestimmen; über die Entschädigung solle dem bisherigen Eigentümer rechtliches Gehör nicht versagt werden. Demgemäß schrieb das

Eisenbahngesetz vor, daß dem Staate vorbehalten bleibe, das Eigentum der Bahn gegen vollständige Entschädigung anzukaufen. Hienach war für alle Fälle zwangsweiser Eigentumsentziehung durch den Staat der ordentliche Rechtsweg nur für die Entschädigungsfrage eröffnet. Welche Mittel dem Staate zur Durchführung seines Enteignungsrechts zur Verfügung stehen, war nicht zu entscheiden. Bei den Klageanträgen zu 2, 3 und 4 handelte es sich um die zu gewährende Entschädigung. Hiefür war an sich der Rechtsweg zulässig; die Ansprüche waren aber unbegründet, weil eine Übernahme der Bahn nicht stattgefunden hatte. (VII, 9. Juli 1929.)

Amtl. Sammlg. S. 216—228.

Vgl. Bd. 80 S. 19; Bd. 83 S. 306; Bd. 100 S. 144.

45. Offene Handelsgesellschaft. Öffentlicher Glaube des Handelsregisters. Scheingeschäft. (BGB. §§ 873, 891, 892, 894; HGB. §§ 15, 106, 107.) Ein Grundstück stand auf eine offene Handelsgesellschaft eingetragen. Im Handelsregister waren zwei Personen als Gesellschafter angeführt; in Wirklichkeit waren nicht diese, sondern andere Personen die Gesellschafter. Eine der eingetragenen Personen bestellte auf dem Grundstück namens der Gesellschaft eine Hypothek. Nach der Auflösung der Gesellschaft ging deren Vermögen an einen der wirklichen Gesellschafter über; dieser geriet in Konkurs. Der Erwerber des Grundstücks klagte gegen den Gläubiger auf Einwilligung in die Löschung der Hypothek. Die Klage wurde abgewiesen. Für den Beklagten stritt die Vermutung aus dem öffentlichen Glauben des Grundbuchs. Der Kläger konnte sie widerlegen, indem er nachwies, daß es zwischen der Eigentümerin des Grundstücks und dem Gläubiger zu der für die Eintragung der Hypothek erforderlichen Einigung nicht gekommen sei. Diesen Nachweis hatte er nicht erbracht. Allerdings war unstreitig, daß bei der Einigung ein Scheingesellschafter mitgewirkt hatte, der nicht befugt war, die offene Handelsgesellschaft zu vertreten. Dieser Mangel war aber für den Beklagten unschädlich, weil er sich auf den öffentlichen Glauben des Handelsregisters berufen konnte. In das Handelsregister sind die jeweiligen Gesellschafter einer offenen Handelsgesellschaft einzutragen. Solange nicht die wahren Gesellschafter, sondern andere Personen als Gesellschafter in das Handelsregister eingetragen sind, ist die eintragungspflichtige Tatsache des richtigen Gesellschafterbestandes nicht in das Handelsregister eingetragen; diese nicht eingetragene Tatsache kann die Gesellschaft Personen, die sich mit ihr durch einen fälschlich als Gesellschafter eingetragenen Nichtgesellschafter rechtsgeschäftlich eingelassen haben, nicht entgegensetzen, wenn diese Personen den wirklichen Sachverhalt nicht kennen. Die Gesellschaft mußte also die Hypothekbestellung gegen sich gelten lassen; das Gleiche galt für den Kläger als Erwerber des Grundstücks. (V, 10. Juli 1929.)

Amtl. Sammlg. S. 228—230.

Vgl. Bd. 66 S. 415; Bd. 70 S. 272.

46. **Rückversicherung. Rückentschädigung.** (BGB. § 242.) Eine deutsche Versicherungsgesellschaft schloß im Jahre 1920 mit einer schwedischen Rückversicherungsgesellschaft einen Rückversicherungsvertrag über eine Sendung Zucker ab, die mit Kahn von Böhmen nach Hamburg gehen sollte; die Quote betrug 2½%. Die Sendung ging zum größten Teil verloren. Die Rückversicherung wurde eingelöst. Nachträglich wurde der deutschen Versicherungsgesellschaft, die auf Grund der ihr abgetretenen Entschädigungsansprüche des Eigentümers gegen den Fiskus geklagt hatte, ein Teil der Versicherungssumme wieder ersetzt. Die Rückversicherungsgesellschaft klagte auf Zahlung von 2½% der Rückentschädigung. Die Klage drang durch. Das Rechtsverhältnis war nach deutschem Recht zu beurteilen, da der Vertrag in Deutschland auf Grund deutscher Antragsvordrucke abgeschlossen und in Deutschland zu erfüllen war. Die erste Versicherung war nicht in deutscher, sondern in französischer Währung abgeschlossen, die Rückversicherung dagegen in deutscher Währung. Die Rückversicherungsgesellschaft hatte angenommen, daß auch die erste Versicherung in deutscher Währung abgeschlossen worden sei. Sie hatte der beklagten deutschen Versicherungsgesellschaft anteilmäßig die vollen Werte zugeführt, welche diese nach dem ersten Versicherungsvertrag in französischen Franken zahlen mußte. Die Beklagte hatte also dadurch, daß die Verträge in verschiedener Währung abgeschlossen worden waren, keinen Valutaschaden erlitten. Sie vertrat aber die Auffassung, daß sie die Gefahr eines Valutaschadens getragen habe und daß sie dafür entschädigt werden müsse, auch wenn ein solcher Schaden nicht

eingetreten sei. Das war unhaltbar. Es entspricht allgemeinen versicherungsrechtlichen Grundsätzen, daß der Rückversicherte, der durch den Rückversicherungsvertrag in dem darin vorgesehenen Umfang gegen die von ihm als Erstversicherer übernommene Gefahr gedeckt, also insoweit gegen Schaden geschützt wird, darüber hinaus keinen besonderen Gewinn aus der Versicherung erzielen soll. Die Beklagte hatte zunächst die Rückversicherungssumme von der Klägerin erhalten und dann noch eine Entschädigung erlangt; hätte sie diese schon vorher bekommen, so hätte die Klägerin ihr einen geringeren Betrag als Rückversicherung zu zahlen gehabt; sie hatte also der Beklagten eine Leistung auf einen Schaden gemacht, der für diese wirtschaftlich nicht eingetreten war. Wegen der Gefahr der Währungsverschlechterung konnte die Beklagte der Klägerin den entsprechenden Ersatz nicht verweigern. (I, 10. Juli 1929.)

Amtl. Sammlg. S. 230—235.

47. Liefervertrag. Abnahmepflicht. Typischer Vertrag. (BGB. §§ 157, 242, 433.) Eine Rohzuckerfabrik verkaufte an eine Zuckerraffinerie im Januar 1927 einen großen Posten Rohzucker, lieferbar November 1928. Im Oktober 1927 wurde die Raffinerie der Käuferin durch Feuer zerstört. Sie teilte darauf der Verkäuferin mit, daß sie den Zucker nicht abnehmen könne. Die Klage auf Feststellung, daß die Beklagte zur Abnahme des Zuckers verpflichtet sei, drang in zwei Rechtszügen durch. Das Reichsgericht wies sie ab. Der Lieferungsvertrag gehörte zu den typischen Verträgen, wie sie unter derart voneinander abhängigen Fabriken üblich sind. Sie werden lange vor der Lieferzeit abgeschlossen; dabei werden Bedingungen zugrunde gelegt, die von den Berufsverbänden auf längere Dauer festgelegt sind. Nach diesen Bedingungen befreite höhere Gewalt von der Abnahmepflicht. Diese Bestimmung konnte nur dahin verstanden werden, daß die Abnahmepflicht solange aufgeschoben sein sollte, als der Käufer durch höhere Gewalt an der eigenen Verarbeitung der Ware gehindert war. Die beklagte Fabrik hatte eingewendet, daß auf diese Weise ein dauernder Schwebezustand geschaffen würde, da sie vielleicht nach Jahren noch zur Lieferung gezwungen werden könnte; das Recht der Käuferin auf zeitweilige Abnahmeweigerung schloß aber

das Recht der Verkäuferin nicht aus, ihrerseits die Erfüllung zu verweigern, wenn ihr dies wegen veränderter Umstände nach den Grundsätzen von Treu und Glauben nicht mehr zugemutet werden konnte. (II, 10. Juli 1929.)
Amtl. Sammlg. S. 236—240.

48. Berufung. (ZPO. § 518.) Auf die Klage, mit der eine Zahlung von 1000 Reichsmark verlangt wurde, hatte das Landgericht den Beklagten zur Zahlung von 700 Reichsmark verurteilt; im übrigen hatte es die Klage abgewiesen. Das Urteil wurde dem Kläger am 26. März 1929 zugestellt. Am 22. April 1929 wurde eine Berufungsschrift eingereicht, worin der Beklagte als Berufungskläger, der Kläger als Berufungsbeklagter bezeichnet und der Antrag angekündigt war, die Klage vollständig abzuweisen. Am 24. April ging ein Schriftsatz von einem anderen Rechtsanwalt ein, in dem wiederum der Beklagte als Berufungskläger, der Kläger als Berufungsbeklagter bezeichnet und eine weitergehende Abweisung der Klage beantragt war. In einem Schriftsatz, der am 3. Mai einging, erklärte der erste Rechtsanwalt, er habe für den Kläger, nicht für den Beklagten Berufung einlegen wollen und berichtigte seinen Antrag dahin, daß nach dem Klageantrag erkannt werden solle. Die Berufung wurde als verspätet durch Beschluß zurückgewiesen; die sofortige Beschwerde hatte keinen Erfolg. In der Berufungsschrift muß auch erklärt sein, für welche Person Berufung eingelegt wird; zum mindesten muß die Auslegung der Berufungsschrift zu einem bestimmten Ergebnis führen. Wo hiernach klar ist, für welche Partei das Rechtsmittel eingelegt werden soll, ist es unschädlich, wenn diese Partei als Berufungsbeklagter bezeichnet wird. Im vorliegenden Fall konnte aber von beiden durch das Urteil beschwerten Parteien Berufung eingelegt werden; in der Berufungsschrift vom 22. April 1929 war klar ausgesprochen, daß sie namens des Beklagten eingelegt werde. Eine Umdeutung wurde auch nicht dadurch möglich, daß innerhalb der Berufungsfrist noch eine zweite Berufungsschrift einging, laut der von einem anderen Anwalt Berufung für den Beklagten eingelegt und der in der ersten Berufungsschrift gestellte Antrag eingeschränkt wurde; das bedeutete nur eine namens derselben Partei zulässigerweise wiederholte Einlegung der Berufung verbunden mit einer Einschränkung des ursprünglichen Antrags. Die nach Ablauf der Berufungsfrist eingereichte Berichtigung war als solche wirkungslos; sie enthielt nur eine verspätete Einlegung der Berufung für den Kläger. (VI, 11. Juli 1929.)

Amtl. Sammlg. S. 240—242.
Vgl. Bd. 96 S. 117; Bd. 102 S. 364.

49. Unentgeltliche Verfügung eines Vorerben. Anfechtung. Vormerkung. Wiederkaufsrecht. (BGB. §§ 883, 888, 2113, 2136; AufwG. §§ 25, 67; AnfG. §§ 3, 4.) In einem Testament waren die Frau des Erblassers als Vorerbin, ihre Kinder als Nacherben eingesetzt. Sie verkaufte ein Grundstück an einen zu den Nacherben gehörenden Sohn; dieser räumte ihr ein Wiederkaufsrecht ein und genehmigte die Eintragung einer Vormerkung zur Sicherung dieses Anspruchs. Die Vormerkung wurde eingetragen. Auf dem Grundstück lag zu dieser Zeit eine im Dezember 1914 eingetragene Hypothek von 45 000 Mark; nach Eintragung der Vormerkung wurde für denselben Gläubiger eine Sicherungshypothek für 20 kg Feingold eingetragen. Bald nachher geriet der Eigentümer in Konkurs. Der Konkursverwalter gab das überlastete Grundstück frei. Die Mutter machte ihr Wiederkaufsrecht geltend; der Sohn stimmte zu. Die Mutter wurde wieder als Eigentümerin eingetragen. Der Hypothekgläubiger focht den Wiederkauf an. Es kam ein Vergleich zustande, worin die Eigentümerin sich wegen der Hypotheken der sofortigen Zwangsvollstreckung in das Grundstück unterwarf. Nach ihrem Tode klagte der Gläubiger gegen den Testamentsvollstrecker auf Duldung der Vollstreckung in das Grundstück. Die Klage wurde in zwei Rechtszügen abgewiesen. Die Revision des Klägers hatte teilweise Erfolg. Hinsichtlich der ersten Hypothek war die Abweisung der Klage gerechtfertigt, da sie als Aufwertungshypothek erst mit dem 1. Januar 1932 fällig wurde. Daran wurde auch durch die von der früheren Eigentümerin des Grundstücks mit dem Gläubiger getroffene Abmachung nichts geändert. Auch wenn man in dieser Abmachung eine Vereinbarung der sofortigen Fälligkeit der Hypothek erblickte und dahingestellt ließ, ob diese Vereinbarung ohne Eintragung in das Grundbuch wirksam sein könnte, scheiterte das Verlangen des Klägers doch daran, daß diese Abmachung als unentgeltliche Verfügung der befreiten Vorerbin den Nacherben und damit dem beklagten Testamentsvollstrecker gegenüber unwirksam war. Eine unentgeltliche Verfügung über einen Erbschaftsgegenstand liegt vor, wenn der Vorerbe ohne gleichwertige Gegenleistung ein Opfer auf Kosten der Erbmasse bringt und entweder weiß, daß diesem Opfer keine gleichwertige Gegenleistung an die Erbschaftsmasse gegenübersteht oder doch bei ordnungsmäßiger Verwaltung der Masse unter Berücksichtigung seiner künftigen Pflicht, die Erbschaft an die Nacherben herauszugeben, das Fehlen oder die Unzulänglichkeit der Gegenleistung hätte erkennen müssen. Durch die Zusicherung der Eigentümerin, daß die Aufwertungshypothek vorzeitig und ohne Abzug eines Zwischenzinses fällig sein sollte, wurde eine Verfügung über das Grundstück getroffen, wodurch dieses über das vorhandene Maß hinaus belastet wurde. Zu dieser Mehrbelastung bestand für die Vorerbin weder eine Rechtspflicht noch eine Anstandspflicht. Eine Gegenleistung war der Nachlaßmasse nicht zugeflossen; daß der Gläubiger sich in dem Vergleich zu Leistungen an einen Erben verpflichtet hatte, änderte hieran nichts. Hinsichtlich der zweiten Hypothek hatte sich der Beklagte darauf berufen, daß diese kraft der ihr im Rang vorhergehenden Vormerkung und des Wiederkaufs den Nacherben gegenüber unwirksam sei. Daß der bedingte Anspruch auf Wiedereinräumung des Eigentums, wie er sich aus einem gültigen Wiederkaufsrecht ergibt, schon vor der Ausübung dieses Rechts durch eine Vormerkung gesichert werden kann, ist in der Rechtsprechung anerkannt. Der Kläger mußte darum die Ausübung des Wiederkaufsrechts gegen sich gelten lassen. Die Berufung auf den abgeschlossenen Vergleich konnte hier so wenig wie bei der ersten Hypothek Erfolg haben. Dagegen war zu prüfen, ob nicht die Anfechtung des Wiederkaufs begründet war. Das Berufungsgericht hatte angenommen, daß es sich beim Wiederkauf um ein reines Erfüllungsgeschäft gehandelt habe. Bei einem solchen wird regelmäßig auch unter Verwandten eine Benachteiligungsabsicht des erfüllenden Schuldners fehlen; doch braucht das nicht immer zuzutreffen. Jedenfalls kann die im allgemeinen richtige Annahme, daß auch unter Verwandten ein reines Erfüllungsgeschäft von einer Absicht der Gläubigerbenachteiligung beim Schuldner und von einer Kenntnis dieser Absicht bei seinem Vertragsgegner frei sei, nur als Erfahrungsgrundsatz, nicht aber als eine die Beweislast umkehrende Rechtsregel angesehen werden. Das gilt auch dann, wenn die Verpflichtung, die der Schuldner durch das Geschäft erfüllt hat, bereits vor dem letzten der Anfechtung vorhergegangenen Jahr begründet worden war. Auch hier kann dem Anfechtungsgegner der von ihm zu führende Beweis der Unkenntnis einer Benachteiligungsabsicht des Schuldners nur aus tatsächlichen Gründen nach den zu prüfenden Verhältnissen des Einzelfalles erleichtert oder ganz erlassen werden. Das war zu prüfen. Wenn die Anfechtung begründet war, konnte die Eintragung der Vormerkung für sich allein die Wirkung nicht beseitigen, daß der Beklagte die Zwangsversteigerung des Grundstücks dulden mußte; solange eine dem Kläger gegenüber wirksame Rückveräußerung des Grundstücks an die Wiederkaufberechtigte nicht vorgenommen war, behinderte die Vormerkung das Recht des Gläubigers nicht, die Zwangsversteigerung zu betreiben. (V, 1. Juni 1929.)

Amtl. Sammlg. S. 242—252.

Vgl. Bd. 26 S. 1; Bd. 27 S. 130; Bd. 38 S. 102; Bd. 45 S. 23; Bd. 51 S. 76; Bd. 69 S. 282; Bd. 72 S. 392; Bd. 81 S. 364; Bd. 104 S. 123; Bd. 105 S. 248.

50. Forderungsabtretung. (BGB. § 406.) Ein Grundstück wurde an eine Aktiengesellschaft verkauft. Ehe die Auflassung erfolgte, verkaufte die Aktiengesellschaft das Grundstück weiter; ihre Kaufpreisforderung trat sie an die Frau, von der sie das Grundstück erworben hatte, ab. Diese nahm an dem Vertrag teil und verpflichtete sich, die Auflassung unmittelbar an den neuen Erwerber vorzunehmen. Nach dem Tode der Frau kamen deren Erben dieser Verpflichtung nach und klagten gegen den Erwerber auf Zahlung der abgetretenen Forderung. Diese rechnete mit einer Gegenforderung auf, die ihm gegen die Aktiengesellschaft zustand. In allen Rechtszügen drang die Klage durch. Das Berufungsgericht hatte angenommen, daß die Erblasserin der Kläger aus dem Vertrag ein eigenes Recht auf Zahlung des ihrer Forderung entsprechenden Teiles des Kaufpreises erworben habe, so daß in Wirklichkeit trotz des entgegenstehenden Wortlautes des Vertrags eine Abtretung nicht vorgekommen sei. Das Reichsgericht fand diese Auslegung bedenklich. Aber auch wenn eine Abtretung anzunehmen war, stand die Frage noch offen, ob der Beklagte die Einwendungen, die er gegen die Aktiengesellschaft zu haben behauptete, auch gegen die neue Gläubigerin und ihre Rechtsnachfolger erheben konnte. Der Beklagte hatte die Abtretung ausdrücklich angenommen. Die Bedeutung einer solchen Abtretungsannahme ist im Gesetz nicht geregelt; es kommt auf die Auslegung des Parteiwillens im einzelnen Fall an. Wenn die Absicht der Parteien dahin ging, daß die Rechtsbeziehungen zwischen der früheren Gläubigerin und dem Schuldner und der neuen Gläubigerin nicht mehr in vollem Umfang maßgebend sein sollten, daß vielmehr diese Beziehungen auf eine neue Grundlage gestellt werden sollten in dem Sinne, daß die neue Gläubigerin, die auch ihrerseits Verpflichtungen gegenüber dem Schuldner übernahm, eine gesicherte Stellung erhalten sollte, lag die Annahme nahe, daß die Einwendungen aus den früheren Vertragsbeziehungen der neuen Gläubigerin gegenüber ausgeschlossen werden sollten und daß darüber hinaus die Leistungen des Beklagten an die neue Gläubigerin ihren eigenen Verpflichtungen vertraglich gegenübergestellt werden sollte. Dann waren Einwendungen aus dem Verhältnis zum früheren Gläubiger ausgeschlossen. Das Berufungsgericht hatte auch angenommen, daß die Auflassung nicht bewilligt worden wäre, wenn dabei mit der Möglichkeit gerechnet worden wäre, der Beklagte wolle die Zahlung seiner Schuld wegen seiner Ansprüche gegen die Aktiengesellschaft ablehnen, und daß der Beklagte die Auflassung entgegennahm in dem Bewußtsein, seine Ansprüche gegen die Aktiengesellschaft sollten nicht mit seiner Verpflichtung gegenüber den Klägern verquickt werden. Daraus ergab sich rechtlich einwandfrei, daß Einwendungen gegen die Forderung der neuen Gläubigerin aus dem ursprünglichen Schuldverhältnis nach dem Willen der Parteien eingeschlossen sein sollten. (VI, 13. Juni 1929.) Amtl. Sammlg. S. 252—255.

Vgl. Bd. 77 S. 157; Bd. 83 S. 186.

51. Rechnungslegung. Offenbarungseid. Eidesnorm. (BGB. §§ 259, 261.) Die Vorstandsmitglieder einer Aktiengesellschaft wurden zur Leistung eines Offenbarungseides verurteilt, der dahin lautete:

Ich schwöre

1. daß von mir und nach meiner Überzeugung von allen Vorstandsmitgliedern alles, was für die Rechnungslegung irgendwie an Angaben und Belegen in Frage kommen kann, nach unserem besten Willen dem Sachverständigen zu seiner Rechnungslegung vorgelegt wurde,

2. daß nach meiner Überzeugung die in der Rechnungslegung enthaltenen Schätzungen nicht zuungunsten des Gegners unrichtig sind,

3. daß weder von mir noch nach meiner Überzeugung von einem anderen Vorstandsmitglied an die Angestellten der Gesellschaft ausdrückliche oder versteckte Weisung gegeben wurde zur Beseitigung oder Unterdrückung von Belegstücken,

4. daß nach meiner Überzeugung die in der Rechnungslegung enthaltenen Angaben über die Einnahmen aus der Fabrikation und dem Absatz der Waren richtig und vollständig sind.

Die Revision der Aktiengesellschaft wurde mit der Einschränkung zurückgewiesen, daß die Sätze 1 und 3 aus der Eidesnorm gestrichen wurden. Die Aktiengesellschaft hatte die ihr auferlegte Verpflichtung zur Rechnungslegung erfüllt, indem sie eine verständliche und übersichtliche Darlegung der in Betracht kommenden Geschäfte mit einer Zusammenstellung der Einnahmen und Ausgaben einreichte. Das Berufungsgericht hatte angenommen, es bestehe begründeter Verdacht, daß die Angaben über die Einnahmen nicht mit der erforderlichen Sorgfalt gemacht worden seien. Da zu der Feststellung der Einnahmen Abschätzungen notwendig waren, bildeten auch diese einen Punkt der Rechnungslegung: die Verpflichtung zur Leistung des Offenbarungseides erstreckte sich also auch auf sie. Auf die Richtigkeit der als Grundlage der Schätzung dienenden Angaben hatten die mit der rechnerischen Darlegung betrauten Sachverständigen keinen nennenswerten Einfluß: sie waren vielmehr auf die ihnen gemachten Mitteilungen angewiesen. Insoweit war für die Zuverlässigkeit der Rechnungslegung nicht die Persönlichkeit der damit betrauten Sachverständigen maßgebend; entscheidend war vielmehr, ob die hiezu gemachten Angaben zuverlässig waren und ob die Mitglieder des Vorstandes zum mindesten die gebotene Aufmerksamkeit und pflichtmäßige

Einflußnahme aufgewendet hatten, damit diese Angaben nach Möglichkeit den tatsächlichen Verhältnissen gerecht wurden. Auch wenn der Rechnungslegung im einzelnen keine Unrichtigkeiten nachgewiesen werden können, kann doch schon der begründete Verdacht, daß in dieser Hinsicht nicht genügend Sorgfalt aufgewendet sei, die Auferlegung des Offenbarungseides rechtfertigen. Diesen Verdacht hatte das Berufungsgericht als gegeben angesehen; die Erwägungen, mit denen es diese Annahme begründete, waren überwiegend tatsächlicher Natur und vom Reichsgericht nicht nachzuprüfen. Allerdings würde es einen rechtlichen Verstoß enthalten haben, wenn der Offenbarungseid auch zur Bekräftigung von Angaben angeordnet worden wäre, die zur Rechnungslegung herangezogen wurden, sich aber als unzuverlässig erwiesen hatten. Allein aus dem Urteil war zu entnehmen, daß die entscheidende Erwägung auch in diesem Punkt der Verdacht bildete, die Vorstandsmitglieder der Aktiengesellschaft hätten es an der ihnen obliegenden Sorgfalt und der Überwachung der als Unterlage der Rechnungslegung gemachten tatsächlichen Angaben fehlen lassen. Die Auferlegung des Eides war also an sich gerechtfertigt. Bedenken bestanden gegen seine Fassung. Der Offenbarungseid soll lediglich zur Bekräftigung der in der Rechnungslegung gemachten Angaben dienen, nicht aber zu Erforschungszwecken zugunsten einer Beweisführung des Berechtigten für eine Unrichtigkeit der Rechnungslegung. Daher können in ihr nur solche Erklärungen des Rechnungspflichtigen Aufnahme finden, die geeignet sind, eine zahlenmäßige Grundlage für die Einnahmen zu schaffen, nicht aber Angaben, welche innere Vorgänge beim Rechnungspflichtigen aus Anlaß der Rechnungslegung betreffen oder welche nur die Erforschung der Richtigkeit der Abrechnung in dem eben erörterten Sinne zum Ziele haben; ebensowenig hat sich die Eidesleistung auf die Vollständigkeit der vorgelegten Belege zu erstrecken. Bei Anwendung dieser Grundsätze waren aus der Eidesnorm die Punkte 1 und 3 auszuscheiden, die sich auf innere Vorgänge bei der Aktiengesellschaft und auf die Vorlegung von Belegen bezogen und zum Teil nur Erkundungszwecken, nicht der Bestätigung gemachter Angaben dienlich sein konnten. Der verbleibende Eidesinhalt wurde den Belangen des Rechnungsberechtigten hinlänglich gerecht. Die Eidesnorm wich von der gesetzlichen Fassung ab, hielt sich aber im Rahmen der durch § 261 BGB. gegebenen Ermächtigung zu einer den Umständen entsprechenden Änderung. Diese Befugnis besteht nicht nur, wenn bereits über die Verpflichtung der Eidesleistung entschieden ist, auf Grund später zutagegetretener, eine Änderung der gesetzlichen Norm erfordernder Umstände, sondern schon bei der Fassung der Eidesnorm. (I, 22. Juni 1929.)

Amtl. Sammlg. S. 256—261.

52. **Dingliches Vorkaufsrecht. Formel. Bereicherung. Mängelheilung.** (BGB. §§ 313, 504, 812, 814, 873, 1094.) Ein Vorkaufsrecht wurde auf Grund einer notariell beglaubigten Eintragungsbewilligung eingetragen; der zugrundeliegende Vertrag war nicht amtlich beurkundet worden. In allen Instanzen wurde das Recht als bestehend anerkannt. Der zugrundeliegende Vertrag hätte allerdings gerichtlich oder notariell beurkundet werden müssen; er enthielt die bedingte Verpflichtung, das Eigentum am Grundstück zu übertragen, wenn er auch unmittelbar nur auf die Bestellung des Vorkaufsrechts gerichtet war. Der Mangel war aber durch die Eintragung des Rechts geheilt worden. Gesetzlich ist allerdings nur vorgeschrieben, daß ein ohne Beobachtung der vorgeschriebenen Form geschlossener Grundstücksübereignungsvertrag seinem ganzen Inhalt nach gültig wird, wenn die Auflassung und Eintragung in das Grundbuch erfolgt. Diese Vorschrift ist aber entsprechend auch auf die Bestellung eines dinglichen Vorkaufsrechts anzuwenden. In ihr kommt der Gedanke zum Ausdruck, daß, wenn eine Grundstücksübereignung in Frage steht, der dingliche Vertrag und die Eintragung die Mängel des schuldrechtlichen Übereignungsvertrags heilen und diesem Vertrag Rechtswirksamkeit verleihen. Eine solche Lage ist auch dann gegeben, wenn die Verpflichtung zur Bestellung eines dinglichen Vorkaufsrechts formlos übernommen wird, dann aber die Einigung in einer bindenden Weise erfolgt und daraufhin das Recht eingetragen wird. Einigung und Eintragung stellen auch hier die Erfüllung des Verpflichtungsvertrags in seinem wesentlichen Punkte dar und diese unter bestimmte Formerfordernisse gestellte und vom Gericht zum Abschluß gebrachte Erfüllung gibt dem darauf

gerichteten schuldrechtlichen Vertrag die Rechtswirksamkeit. Wäre das nicht der Fall gewesen, so hätte die Bestellung des Rechts mit einer Bereicherungsklage wieder rückgängig gemacht werden können. (VI, 11. Juli 1929.)

Amtl. Sammlg. S. 261—265.
Vgl. Bd. 118 S. 328.

53. Annahme an Kindesstatt. Anwendung ausländischen Rechts. (BGB. § 1748; EGzBGB. Art. 7, 19, 20, 22.) Ein deutsches Ehepaar nahm ein von einer Schwedin außerehelich geborenes Kind an Kindesstatt an. Die Mutter des Kindes, die sich inzwischen mit dessen Vater verheiratet hatte, klagte auf Herausgabe des Kindes mit der Begründung, daß nach schwedischem Recht zu der Annahme an Kindesstatt die Genehmigung des Königs erforderlich gewesen wäre. Die Klage wurde in allen Rechtszügen abgewiesen. Die Annahme an Kindesstatt bestimmt sich nach deutschen Gesetzen, wenn der Annehmende zur Zeit der Annahme Deutscher ist. Für deutsche Kinder ist außerdem im Gesetz ein besonderer Schutz geschaffen für den Fall, daß der Annehmende einem fremden Staate angehört; hiernach ist die Annahme unwirksam, wenn die nach deutschem Gesetz erforderliche Einwilligung des Kindes oder eines Dritten, der zu dem Kinde in einem familienrechtlichen Verhältnis steht, nicht erfolgt ist. Eine solche Schutzvorschrift ist aber zu einer ausdehnenden Anwendung auf den Fall der Annahme eines ausländischen Kindes durch einen Deutschen nicht geeignet. Bei der Beratung des Gesetzes kam zwar eine andere Meinung zum Ausdruck; diese ist aber nicht Gesetz geworden. Demgemäß ist für die Rechtswirksamkeit der Annahme eines ausländischen Kindes durch einen Deutschen ausschließlich das deutsche Recht maßgebend. Das Heimatrecht des Kindes bleibt außer Betracht, auch sofern es weitergehende Erfordernisse als das deutsche Recht aufstellt oder die Annahme an Kindesstatt nicht kennt. Die Klägerin hatte sich auch darauf berufen, daß sie, als sie die Einwilligung zur Annahme des Kindes erteilte, nach schwedischem Recht noch minderjährig war. Da aber nach deutschem Recht die Einwilligung auch durch eine minderjährige Mutter ohne Zustimmung ihres gesetzlichen Vertreters erteilt werden kann, konnte dieser Umstand der

Gültigkeit ihrer Einwilligung keinen Abbruch tun. (IV, 11. Juli 1929.) Amtl. Sammlg. S. 265—272.

54. Aufwertungsrecht. Weitere Beschwerde. (AufwG. §§ 73, 74; ZPO. § 387; FGG. § 28.) In einer Aufwertungssache legte der Schuldner gegen den Beschluß der Aufwertungsstelle sofortige Beschwerde ein. Das Landgericht ordnete die Vernehmung eines Zeugen an; als dieser die Aussage verweigerte, sprach es durch Beschluß aus, daß ihm kein Zeugnisverweigerungsrecht zustehe, und legte ihm die Kosten des Beschlusses auf. Er legte weitere Beschwerde ein. Das Kammergericht gab die Sache an das Reichsgericht ab. Dieses erklärte sich für unzuständig. Das Landgericht, das den angefochtenen Beschluß erlassen hatte, war mit der Sache allerdings auf die sofortige Beschwerde des Schuldners befaßt; damit wurde aber die Beschwerde des Zeugen noch nicht zu einer weiteren Beschwerde. (V, 13. Juli 1929.)

Amtl. Sammlg. S. 272—273.

55. Reichsbanknoten. Aufwertung. Hoheitsrechte. Richterliches Nachprüfungsrecht. Schadenersatz. (BGB. §§ 733, 823, 826; RVerf. Art. 59, 153; RG. vom 4. August 1914 über Reichskassenscheine und Banknoten; BankG. vom 30. August 1924.) Ein Inhaber von Reichsbanknoten, die vor dem Krieg ausgegeben und von ihm während des Krieges gegen Goldwerte erworben worden waren, klagte gegen die Reichsbank auf Einlösung in Reichsmark im Nennbetrag. Er stützte die Klage auch auf unerlaubte Handlung, weil die Reichsbank dazu mitgewirkt habe, den zur Deckung der Vorkriegsnoten bestimmten Goldschatz der alten Reichsbank dem unmittelbaren Zugriff der Gläubiger solcher Noten zu entziehen. Daneben nahm er auch das Reich auf Schadenersatz in Anspruch, weil der Reichskanzler zum mindesten fahrlässig die Inflation herbeigeführt habe. Die Klage wurde in allen Rechtszügen abgewiesen. Unter dem Gesichtspunkt der Aufwertung betrachtet war der Anspruch ohne weiteres unbegründet. Als Geldzeichen lauteten die Noten auf einen Betrag der inzwischen untergegangenen Markwährung und waren daher der Entwertung anheimgefallen. Wurden die Noten als Schuldverschreibungen auf den Inhaber betrachtet, so scheiterte die Aufwertung an der abstrakten Natur des Schuldversprechens. Es kam aber auf diese Fragen nicht weiter an, da der Kläger nicht Aufwertung verlangte, sondern den Standpunkt vertrat, daß es sich um Goldobligationen handle, die von der Reichsbank in Gold einzulösen seien. Das traf nicht zu. Die Reichsbanknoten waren durch das Gesetz vom 1. Juni 1909 als gesetzliches Zahlungsmittel erklärt; die Reichsbank war aber verpflichtet, sie gegen deutsche Goldmünzen einzulösen. Durch das Gesetz vom 4. August 1914 wurde bestimmt, daß die Reichsbank zur Einlösung ihrer Noten nicht verpflichtet sei. Demgemäß waren die Reichsbanknoten reine Geldzeichen geworden. Da sie auf Mark alter Währung lauteten, kam ein Recht auf Einlösung in Reichsmark oder zu dem Goldwert, den sie zur Zeit ihrer Ausgabe hatten, nicht in Frage. Ein solcher Anspruch bestand aber auch dann nicht, wenn die Noten als Schuldverschreibungen auf den Inhaber angesehen wurden. Der Aufdruck auf ihnen enthielt keine Goldklausel und gewährte keinen anderen Anspruch als den auf Zahlung des Nennbetrags in der zur Zeit der Aufgabe geltenden, inzwischen untergegangenen Währung. Die öffentlichrechtlich begründete Goldeinlösungspflicht könnte zudem, auch wenn sie noch bestünde, nicht ohne weiteres auch für die bürgerlichrechtlichen Schuldverschreibungen gelten. Das Gesetz vom 4. August 1914 stünde aber auch einem bürgerlichrechtlichen Anspruch entgegen. Es hatte nicht nur für die Dauer des Krieges und der wirtschaftlichen Demobilisation Geltung, dauert vielmehr fort, bis es aufgehoben wird. Bei dieser Rechtslage kam es auf die Rechtsgültigkeit des neuen Bankgesetzes überhaupt nicht an. Die Verfassungsmäßigkeit dieses Gesetzes ist schon früher vom Reichsgericht festgestellt worden; es wurde kein Grund dafür gegeben erachtet, von dieser Auffassung abzuweichen. Hiernach ist die Reichsbank verpflichtet, ihren gesamten bisherigen Notenumlauf aufzurufen und in Reichsmarknoten umzutauschen, wobei eine Billion Mark bisheriger Ausgabe durch eine Reichsmark zu ersetzen ist. Dieser Aufruf ist am 5. März 1925 mit Frist bis zum 5. Juni 1925 ergangen; seitdem haben die alten Noten ihre Eigenschaft als gesetzliches Zahlungsmittel verloren. Eine unterschiedliche Behandlung der alten Noten nach der Zeit ihrer Ausgabe ist nicht vorgesehen; demgemäß kam es auch nicht darauf an, wann der Kläger seine Noten erworben hatte. War aber das neue Bankgesetz verfassungsmäßig, so hatte der Richter es anzuwenden. Es liegt nicht in der Machtbefugnis der Gerichte, verfassungsmäßig zustandegekommene Gesetze darauf nachzuprüfen, ob sie mit Treu und Glauben oder mit den guten Sitten zu vereinbaren sind. Für den gegen das Deutsche Reich gerichteten Anspruch auf Schadenersatz hatte das Berufungsgericht den Rechtsweg für ausgeschlossen erachtet, soweit der Anspruch auf Amtspflichtverletzungen des Reichskanzlers bei Ausübung der Finanzhoheitsrechte des Reichs gerichtet war. Dieser Auffassung trat das Reichsgericht nicht bei. Wenn die behauptete Verletzung der Reichsverfassung oder eines Reichsgesetzes zugleich eine zum Schadenersatz verpflichtende Handlung darstellt, ist die Erhebung einer Schadenersatzklage zum ordentlichen Gericht zulässig. Daß eine solche Amtspflichtverletzung auch bei Ausübung staatlicher Hoheitsrechte vorliegen kann, ist anerkannten Rechts. Dieser Mangel führte aber nicht zur Aufhebung des angefochtenen Urteils, da das Berufungsgericht selbst angenommen hatte, daß der Rechtsweg insoweit zulässig sei, als die Klage auf unerlaubte Handlung gestützt war. Auch hiefür ergaben sich keine Anhaltspunkte. Nach dem alten Bankgesetz mußten die ausgegebenen Noten zu einem Drittel gedeckt sein; wie weit die Deckung in Gold bestehen mußte, war nicht vorgeschrieben. Diese Bestimmung wurde durch die Kriegsgesetze erheblich abgeschwächt; diese ließen eine nahezu unbegrenzte Erweiterung der Notenausgabe zur Deckung des für die Kriegsausgaben notwendigen Geldbedarfs zu. Durch ein Gesetz vom 9. Mai 1921 wurde die Vorschrift über die Deckung der in Umlauf befindlichen Reichsbanknoten bis 31. Dezember 1923 außer Kraft gesetzt. Für diese Gesetzgebung und ihre Folgen war das Reich dem Kläger gegenüber vor den ordentlichen Gerichten nicht verantwortlich. Die Vorschriften der Gesetze waren eingehalten worden. Eine Pflicht der Reichsbank zu Goldrücklagen zur Sicherung der vor dem 9. Mai 1921 entstandenen Rechte der Notengläubiger bestand nicht, demgemäß auch keine Verpflichtung des Reichskanzlers, für Goldrücklagen zu sorgen. Die Vorschrift, wonach die Reichsbank von der im Bankgesetz vorgesehenen Dritteldeckung der Noten befreit wurde, bezog sich auf alle im

Umlauf befindlichen Noten, auch auf jene, die damals schon ausgegeben waren. Die auf Mark alter Währung lautenden Noten sind alle gleichmäßig der Entwertung anheimgefallen. Demgemäß machte es auch nichts aus, wenn nach dem Beginn des Krieges noch Noten mit einem früheren Datum ausgegeben wurden. Für die Klage war das übrigens gleichgültig, da der Kläger behauptete, daß seine Noten vor dem Krieg ausgegeben worden seien. Die umgestaltete Reichsbank ist dieselbe Rechtspersönlichkeit wie die alte Reichsbank; wie sie die vorhandenen Goldbestände zur Deckung der neu ausgegebenen Reichsmarknoten verwendete, ergab sich aus dem neuen Reichbankgesetz; demgemäß kam eine zum Schadenersatz verpflichtende unerlaubte Handlung der Reichsbank nicht in Frage. (IV, 20. Juni 1929.)

Amtl. Sammlg. S. 273—286.

Vgl. Bd. 101 S. 145; Bd. 103 S. 430; Bd. 106 S. 481; Bd. 107 S. 123, 317; Bd. 111 S. 65; Bd. 114 S. 27; Bd. 118 S. 99, 325; Bd. 121 S. 232.

56. **Konkurs. Absonderungsrecht. Verfrühte Pfändung.** (ZPO. §§ 750, 794, 798; KO. § 48.) Eine vollstreckbare notarielle Urkunde wurde dem Schuldner am 12. März 1926 zugestellt. Am 19. März 1926 beantragte der Gläubiger bei der Gerichtsvollzieherei die Vornahme einer Pfändung. Dem Antrag wurde noch am gleichen Tage entsprochen. Im Dezember 1926 geriet der Schuldner in Konkurs. Der Konkursverwalter bestritt die Wirksamkeit der Pfändung, da seit der Zustellung der Urkunde noch keine Woche verstrichen war. Der Gläubiger gab die gepfändeten Gegenstände frei und klagte gegen den preußischen Staat auf Schadenersatz. In allen Rechtszügen wurde die Klage abgewiesen. Die verfrüht vorgenommene Pfändung war allerdings wirkungslos; sie wurde aber durch den Ablauf der Frist wirksam. Diese Erstarkung der Pfändung griff bedingungslos Platz im Verhältnis des Gläubigers zum Schuldner; nur Dritten gegenüber, die vor der Behebung des Mangels Rechte am Gegenstand der Pfändung erwarben, hätten sie nicht zur Geltung kommen können. Wenn also auch den Gerichtsvollzieher der Vorwurf einer Pflichtverletzung traf, so war doch für den Kläger kein Schaden daraus entstanden; er hatte keinen

Anlaß, sich der durch die Pfändung erlangten Rechte zu begeben. (III, 25. Juni 1929.)

Amtl. Sammlg. S. 286—289.

Vgl. Bd. 6 S. 388; Bd. 20 S. 433; Bd. 25 S. 368; Bd. 56 S. 212; Bd. 83 S. 336.

57. **Verwaltungszwangsverfahren. Schadenersatz. Rechtsweg.** (RVerf. Art. 131; PrVO. vom 15. November 1899 über das Verwaltungszwangsverfahren.) Die Kasse einer preußischen Stadt ließ für rückständige Abgaben eine Wirtschaftseinrichtung pfänden und versteigern. Der Eigentümer klagte auf Schadenersatz mit der Begründung, daß die Pfändung, weil er die Pfandsachen zur Fortsetzung seines Gewerbes nötig gehabt habe, unzulässig gewesen sei, daß mehr als nötig gepfändet worden sei und daß bei sachgemäßer Verwertung ein höherer Preis hätte erzielt werden können. Das Landgericht wies die Klage ab. Das Berufungsgericht erkannte den Anspruch als begründet an. Das Reichsgericht stellte das Urteil des Landgerichts wieder her. Der Rechtsweg war zulässig; selbst wenn die Verordnung über das Verwaltungszwangsverfahren ihn ausschlösse, stünde sie insoweit mit der Reichsverfassung in Widerspruch. Daß die Pfändung der Wirtschaftseinrichtung zulässig war, hatte auch das Berufungsgericht angenommen; das Reichsgericht erklärte weiter, eine Amtspflicht der städtischen Beamten, die Zwangsvollstreckung so zu gestalten, daß der Betrieb des Klägers nicht zum Erlöschen kam, könne nicht anerkannt werden. Das Urteil des Berufungsgerichts beruhte auf der Annahme, daß die gepfändeten Sachen zu einem Preis verkauft worden seien, der hinter dem wahren Werte weit zurückblieb. Diese Annahme trug aber das Urteil nicht. Weder die Zivilprozeßordnung noch die ihr nachgebildete preußische Verordnung über das Verwaltungszwangsverfahren schreibt vor, daß bei der Versteigerung gepfändeter Sachen der Zuschlag nur bei Erreichung eines bestimmten Erlöses erteilt werden dürfe. Erst durch die Bundesratsverordnung vom 8. Oktober 1914 ist ein Mindestgebot vorgeschrieben worden; diese Verordnung gilt aber für das Verwaltungszwangsverfahren nicht. Die Vollstreckungsbehörde ist allerdings nach der Verordnung über das Verwaltungszwangsverfahren berechtigt, die Verwertung der gepfändeten Sachen auch in anderer Weise

vorzunehmen, als durch die Verordnung bestimmt ist; eine Pflicht hiezu hat sie aber nicht. Sie hat für möglichst vollständige Befriedigung des Gläubigers zu sorgen; dessen Belange gehen denen des Schuldners vor. Der Kläger hatte auch keinen Antrag gestellt, die Pfandsache anders als im Wege der Versteigerung zu verwerten. Für die Beitreibung von Staatssteuern ist durch ministerielle Erlaubnis vom 27. August 1924 und 2. November 1925 angeordnet, daß die Aufrechterhaltung des Betriebs des Schuldners durch die Wegnahme von Gegenständen nicht gefährdet werden darf und daß Vollstreckungsmaßnahmen nicht zu einer unwirtschaftlichen Verschleuderung von Vermögensbestandteilen führen dürfen; für die Gemeinden gelten diese Vorschriften aber nicht. Sie enthalten auch nur allgemeine Grundsätze, deren Anwendung im Einzelfall vom pflichtmäßigen Ermessen der Verwaltungsbehörden abhängt; Ermessenshandlungen der Verwaltungsbehörden unterliegen aber auch in Haftungsprozessen der Nachprüfung durch die Gerichte nur in Ausnahmefällen. (III, 25. Juni 1929.)

Amtl. Sammlg. S. 289—295.

Vgl. Bd. 102 S. 392; Bd. 106 S. 34.

58. Beamtenrecht. Vorbehalt. Treu und Glauben. (RBeamtG. § 1.) Ein Richter, der am 1. Otober 1906 aus dem badischen Staatsdienst in den Kolonialdienst übertrat und am 1. April 1911 als Bezirksrichter in Kamerun angestellt worden war, ersuchte im Jahre 1920 das Reichsministerium für Wiederaufbau, seine Übernahme in den badischen Staatsdienst zu befürworten und fügte bei, er gehe von der Voraussetzung aus, daß ihm sein Dienstalter, das Gehalt nach der neuen Besoldungsordnung und alle erworbenen Pensionsansprüche gewahrt blieben. Im Februar 1921 wurde er als Oberamtsrichter in Baden wieder angestellt; er wurde hiebei in die Gehaltsgruppe II eingereiht, in die er mit Erlaß des Reichsministers für Wiederaufbau vom 17. Dezember 1920 eingewiesen worden war. Bei der Neuregelung der Besoldungsverhältnisse der Kolonialbeamten wurde er durch Erlaß des Reichsministers für Wiederaufbau vom 23. Juli 1921 in die Besoldungsgruppe 12 eingewiesen; das Gehalt wurde ihm aber nur bis zum Tage seiner Anstellung im badischen Justizdienst ausbezahlt. Er klagte mit Erfolg auf

Weiterzahlung des Gehaltsunterschieds. Durch seine Ernennung zum badischen Oberamtsrichter schied er ohne weiteres aus dem Reichsdienst aus; einer besonderen Entlassung bedurfte es nicht. Die Auffassung des Klägers, daß er noch Kolonialbeamter sei, war also unrichtig. Auf die von ihm erhobene Gehaltsforderung stand ihm aber ein vertraglicher Anspruch zu. In seinem Schreiben an das Reichsministerium für Wiederaufbau hatte er hervorgehoben, er gehe von der Voraussetzung aus, daß ihm alle seine Vermögensrechte als Kolonialbeamter erhalten blieben; damit hatte er deutlich zum Ausdruck gebracht, daß er durch den Übertritt in den badischen Justizstaatsdienst nicht schlechter gestellt werden wolle, als wenn er Kolonialbeamter geblieben wäre. Wollte das Ministerium auf diese Bedingung nicht eingehen, so war es verpflichtet, das dem Kläger mitzuteilen. Geschah das nicht, so war nach den Grundsätzen von Treu und Glauben, die im öffentlichen Recht ebenso zu beachten sind wie im bürgerlichen Recht, anzunehmen, daß den Forderungen des Klägers zugestimmt wurde. Im Rahmen des öffentlichrechtlichen, durch einseitigen Staatshoheitsakt begründeten Beamtenverhältnisses besteht sehr wohl die Möglichkeit, daß zwischen Staat und Beamten besondere Vereinbarungen getroffen werden, wenn diese nicht dem Wesen des Beamtenverhältnisses widersprechen. Das war hier nicht der Fall. Daß der Kläger seine Forderungen nicht dem Badischen Staat, sondern dem Reich vortrug, fand seine Rechtfertigung darin, daß er damals noch Reichsbeamter war. (III, 2. Juli 1929.)

Amtl. Sammlg. S. 295—299.

59. Zwangsversteigerung. Vertagung. Amtspflichtverletzung. Ermessensentscheidung. Verschulden. Schadenersatz. Gemeinsames Vollstreckungsgericht. Zustellung. (ZVG. §§ 2, 16, 18, 43, 65; ZPO. §§ 37, 27, 329.) Ein Mühlenanwesen, das teils in Preußen, teils in Hessen gelegen war, wurde zum Zwecke der Zwangsversteigerung in Beschlag genommen. Der Gläubiger beantragte beim Reichsgericht, das preußische Amtsgericht Bergen auch für das Verfahren wegen der hessischen Grundstücke als Vollstreckungsgericht zu bestellen. Dem Antrag wurde stattgegeben; der Beschluß wurde vom Reichsgericht dem Gläubiger zugestellt. Der erste Versteigerungstermin stand auf 20. Oktober 1925 an. Er mußte aufgehoben werden, weil die Bekanntmachung nicht rechtzeitig erfolgt war. Im Termin vom 19. Januar 1926 blieb der betreibende Gläubiger mit rund 5800 Reichsmark Meistbietender; das Grundstück wurde ihm am 9. Februar 1926 zugeschlagen. Auf die Beschwerde des Schuldners wurde der Zuschlagsbeschluß aufgehoben. Im neuen Termin vom 6. Juli 1926 beantragte der Schuldner, die Zubehörstücke der Mühle durch einen Gerichtsvollzieher besonders versteigern zu lassen, da hierdurch ein höherer Erlös zu erzielen sei. Gegen den Widerspruch des Gläubigers beschloß das Amtsgericht die Vertagung, um einen Sachverständigen über den Antrag des Schuldners zu hören. Im nächsten Termin, am 17. September 1926, wurde der Antrag des Schuldners abgelehnt; der betreibende Gläubiger erhielt für ein Meistgebot von 8000 Reichsmark den Zuschlag. Der Beschluß wurde aufgehoben, weil der Beschluß des Reichsgerichts, durch den das Amtsgericht Bergen zum gemeinsamen Vollstreckungsgericht bestellt wurde, dem Schuldner nicht zugestellt worden war. Am 23. März 1927 fand ein neuer Versteigerungstermin statt, der wieder mit dem Zuschlag an den betreibenden Gläubiger für ein Meistgebot von 8000 Reichsmark ausging. Der Beschluß wurde wieder aufgehoben; im Termin vom 24. August 1927 erhielt der betreibende Gläubiger den Zuschlag für ein Meistgebot von 11000 Reichsmark. Dieser Beschluß wurde rechtskräftig. Der Gläubiger war der Auffassung, daß die lange Dauer des Zwangsversteigerungsverfahrens auf schuldhafte Amtspflichtverletzungen der beteiligten Justizbeamten zurückzuführen sei und klagte gegen das Land Preußen auf Schadenersatz. Als eine Amtspflichtverletzung bezeichnete er insbesondere die Vertagung des Versteigerungstermins vom 6. Juli 1926. Das Berufungsgericht erklärte insoweit die Klage für begründet. Das Reichsgericht verwies die Klage zurück. Es trat der Auffassung des Berufungsgerichts bei, daß der Termin nicht hätte vertagt werden dürfen. Eine Vertagung im Zwangsversteigerungsverfahren ist nur in außergewöhnlichen Fällen gerechtfertigt. Ein solcher Fall lag nicht vor. Der Schuldner hätte für eine hinreichende Begründung seines Antrags sorgen müssen, so daß darüber hätte sofort Beschluß gefaßt werden können. Die Vernehmung eines Sachverständigen war von keiner Seite beantragt worden; ihre Anordnung hätte unterbleiben müssen, weil sie nur äußerst geringe Aussicht auf ein Ergebnis bot, das zu einer dem Antrag des Schuldners entsprechenden Anordnung führen konnte, anderseits aber mit der Möglichkeit erheblicher Schädigung der übrigen Beteiligten zu rechnen war. Die unrichtige Maßnahme konnte aber dem Versteigerungsrichter nicht als Verschulden angerechnet werden. Nicht jedes sachliche Fehlgreifen eines Beamten ist als fahrlässig anzusehen: vielmehr müssen die Umstände des Falles die weitere Feststellung rechtfertigen, daß der Beamte die im Verkehr erforderliche Sorgfalt nicht beobachtet habe. An solchen Umständen fehlte es hier. Das Reichsgericht hatte in früheren Entscheidungen (vom 25. April 1911 und 27. Februar 1914) hervorgehoben, daß die Vertagung eines Termins im Zwangsversteigerungsverfahren nur aus zwingenden Gründen zulässig sei; diese Urteile waren in der amtlichen Sammlung der reichsgerichtlichen Entscheidungen nicht abgedruckt und ihre Unkenntnis konnte daher dem Versteigerungsrichter nicht zum Vorwurf gemacht werden. Die Vertagung stand im Ermessen des Versteigerungsrichters; bei Ermessensentscheidungen kann ein Verschulden nur in seltenen Fällen angenommen werden, etwa bei Willkür oder wenn die Handlung so fehlsam ist, daß sie sich schlechterdings nicht erklären oder rechtfertigen läßt. Das ist bisher nur für Maßnahmen von Verwaltungsbeamten ausgesprochen worden, gilt aber auch für prozeßleitende Verfügungen von Richtern. Von einem schuldhaften Ermessensmißbrauch konnte im vorliegenden Fall trotz der Unrichtigkeit der Verfügung nicht gesprochen werden; es war auch zu bedenken, daß dem Richter nur kurze Zeit für seine Entschließung zur Verfügung stand. Das Berufungsgericht hatte eine weitere Amtspflichtverletzung darin erblickt, daß das Amtsgericht die Zustellung des Beschlusses des Reichsgerichts an den Schuldner nicht bewirkt hatte. Eine solche Verpflichtung bestand aber nicht. Wäre die Zustellung an den Schuldner notwendig gewesen, so hätte sie vom Reichsgericht angeordnet werden müssen; es genügte aber die Zustellung an den Antragsteller. Der Schuldner stand völlig außerhalb des Verfahrens der Bestimmung des zuständigen Gerichts; eine Zustellung des Beschlusses an ihn war nicht geboten. (III, 5. Juli 1929.)

Amtl. Sammlg. S. 299—313.

Vgl. Bd. 121 S. 232.

60. Konsulargerichtsbarkeit. Prozeßgebühr. (ZPO. § 519; KonsGerG. § 14; VO. vom 31. Juli 1925 über die Ausübung der Konsulargerichtsbarkeit in Ägypten.) Die Vorschriften der Zivilprozeßordnung über den Begründungszwang und die Setzung einer Frist für die Zahlung der Prozeßgebühr bei Berufungen sind auf Rechtsstreitigkeiten nicht anzuwenden, für welche die Verordnung vom 31. Juli 1925 über die Ausübung der Konsulargerichtsbarkeit in Ägypten gilt. Das Rechtsmittel der Berufung wird beim Konsul durch Einreichung einer Berufungsschrift eingelegt; es besteht kein Anwaltszwang; das Reichsgericht bestimmt den Termin für die mündliche Verhandlung von Amts wegen und teilt ihn den Parteien mit. Wenn die Vorschrift über die Begründung anwendbar wäre, müßte ein beim Reichsgericht zugelassener Rechtsanwalt die Berufungsschrift einreichen; von der für die Begründung der Berufung zur Verfügung stehenden Frist von einem Monat würde ein erheblicher Teil durch die auf den Schriftwechsel zu verwendende Zeit verloren gehen. Demnach ist in diesem Verfahren für die Anwendung der Vorschriften über den Begründungszwang kein Raum. Das gleiche gilt für die Setzung einer Frist zum Nachweis der Zahlung der Prozeßgebühr. (VI, 11. Juli 1929.) Amtl. Sammlg. S. 313—315.

61. Beamtenrecht. Unerlaubte Entfernung vom Amt. Gehaltsanspruch. Aufwertung. Treu und Glauben. Arglist. (PrDiszG. §§ 8, 10; BGB. § 242.) Ein preußischer Landrat beantragte seine Versetzung in den Ruhestand und bat zunächst um Urlaub ohne Gehalt. Der Urlaub wurde ihm bewilligt; während des Urlaubs wurde sein Antrag im übrigen abgelehnt. Da er den Dienst nicht wieder antrat, wurde er für die Zeit der unerlaubten Entfernung vom Amt seines Diensteinkommens für verlustig erklärt. Seine Klage auf Zahlung des Gehalts vom Ablauf des Urlaubs bis zur Zustellung des Beschlusses drang durch. Der Gehaltsverlust wegen unerlaubter Entfernung vom Amte tritt nicht ohne weiteres kraft Gesetzes, sondern nur als Disziplinarstrafe kraft besonderer Entziehung ein. Demgemäß war auch in dem Bescheid der Minister des Innern und der Finanzen ausgesprochen worden, daß der Verlust sich von dem Tage der Zustellung an berechne. Diese Erklärung war für den Staat bindend. Gegen die Klage war eingewendet worden, daß der Kläger doch selbst um Urlaub ohne Gehalt nachgesucht habe und daß es gegen Treu und Glauben verstoße, wenn er nunmehr gerade für die Zeit seiner unerlaubten Entfernung vom Amte Gehalt fordere. Aber die Berufung auf die Grundsätze von Treu und Glauben, die sonst im öffentlichen Recht ebensowohl Geltung hat wie im bürgerlichen Recht, mußte hier daran scheitern, daß für die Beamten die Einwirkung von Straftaten und disziplinarischen Vergehen auf ihre Gehaltsansprüche durch die Gesetze erschöpfend geregelt ist. Aus allgemeinen Erwägungen können über die bestehenden gesetzlichen Vorschriften neue weitere Gründe für die Verwirkung eines Gehaltsanspruch um so weniger geschaffen werden, als die Besoldung eines Beamten keine Entlohnung für die einzelnen, von ihm geleisteten Dienste bildet, sondern eine ihm für die Dauer des Dienstverhältnisses zugebilligte, für den standesmäßigen Unterhalt bestimmte Rente ist. Einem solchen Unterhaltsanspruch kann auch nicht mit der auf Pflichtwidrigkeit gestützten Einrede der Arglist begegnet werden. Das nachzuzahlende Gehalt war entsprechend aufzuwerten. Eine Verwirkung des Aufwertungsanspruchs war nicht eingetreten, da der Kläger die Klage auf Zahlung der in der Inflation fällig gewordenen Gehaltsbeträge, die er nach Stabilisierung in der jetzt gültigen Währung verlangen konnte, alsbald erhob, nachdem er vom Ministerium einen ablehnenden Bescheid erhalten hatte. (III, 12. Juli 1929.)

Amtl. Sammlg. S. 315—319.

Vgl. Bd. 52 S. 20.

62. Aufwertungshypothek. Eigentümergrundschuld. Öffentlicher Glaube. (AufwG. §§ 6, 20; BGB. §§ 892, 1196; GBO. §§ 54, 79.) Für eine Bank war vor dem Krieg eine Hypothek für 110 000 Mark Darlehen an erster Stelle eingetragen worden. Sie wurde nach Rückzahlung in Papiermark in der Rückwirkungszeit am 15. Dezember 1922 gelöscht. Am 22. Mai 1924 ließ der Grundstückseigentümer für sich eine Grundschuld von 60 000 Goldmark an erster

Stelle eintragen. Am 6. Mai 1926 wurde für die Bank eine Aufwertungshypothek von 27000 Goldmark eingetragen und dazu vermerkt, daß sie Rang vor der Grundschuld habe, daß ihr aber für einen Teilbetrag von 11000 Goldmark die Grundschuld vorgehe. Die Bank legte gegen den Vermerk Beschwerde ein mit dem Ziel, daß ein Widerspruch gegen den Vermerk eingetragen werden solle. Das Landgericht wies die Beschwerde zurück. Das Oberlandesgericht wollte ihr stattgeben, legte aber wegen einer abweichenden Entscheidung des Kammergerichts Berlin die Sache dem Reichsgericht vor. Dieses erkannte die Beschwerde als begründet an. Die Zuständigkeit des Reichsgerichts ergab sich aus § 79 GBO. Unzweifelhaft lag die eine Voraussetzung für die Eintragung eines Widerspruchs insoferne vor, als die Eintragung des Rangverhältnisses unter Verletzung gesetzlicher Vorschriften geschehen war, denn sie durfte nicht von Amts wegen, sondern nur auf Antrag einer Beteiligten vorgenommen werden. Das Grundbuch war auch durch die Eintragung unrichtig geworden. Den in der Zeit vom 14. Februar 1924 bis zum 1. Oktober 1924 von einem Anderen erworbenen Rechten geht die Aufwertungshypothek im Rang insoweit nach, als sich nach den Vorschriften des Aufwertungsgesetzes gegenüber den Vorschriften der 3. Steuernotverordnung ein höherer Aufwertungsbetrag ergibt. Das Kammergericht hatte diese Vorschrift auch für eine während der Schutzzeit eingetragene, nicht weiterbegebene Eigentümergrundschuld für anwendbar erachtet, da der Eigentümer eine andere Person sei als der Hypothekgläubiger. Das Reichsgericht erklärte, daß diese Auslegung wohl mit dem Wortlaut, nicht aber mit dem Sinn des Gesetzes vereinbar sei. Wer im Vertrauen auf die durch die 3. Steuernotverordnung geschaffene Rechtslage und auf die Richtigkeit des Grundbuchs ein Recht erworben hat, soll dagegen geschützt werden, daß er durch die Einführung einer höheren Aufwertung Schaden erleidet. Vertraut hat aber nicht derjenige, der nur formal eine rechtliche Umbenennung des nach wie vor unveränderten in seiner Hand bleibenden Wertes vornimmt, wie das der Fall ist beim Eigentümer, der für sich seine Grundschuld eintragen läßt. Auch wenn das geschehen ist, um sich gegenüber etwaigen späteren, möglicherweise noch höheren Aufwertungsansprüchen zu sichern, hat der Eigentümer wohl die vorhandene Rechtslage ausnützen wollen, aber nicht auf sie vertraut. Man kann auch bei der Eintragung einer Eigentümergrundschuld nicht von einem Erwerben reden; es ist wohl ein neues Rechtsgebilde entstanden, aber der Eigentümer hat nur dem bei ihm unverändert gebliebenen Vermögensstand eine andere rechtliche Gestaltung gegeben. Der Vertrauensschutz darf nicht zum Schaden der Aufwertungsgläubiger einer rein formalen Gestaltung zuteil werden. (V, 13. Juni 1929.)

Amtl. Sammlg. S. 319—323.
Vgl. Bd. 121 S. 129.

63. Gesellschaft mit beschränkter Haftung. Sacheinlagen. (GmbH. §§ 2, 3, 5, 53.) Auf Grund der Kriegsvorschriften über Speisefett war im Jahre 1916 für die Provinz Schleswig-Holstein eine Provinzialfettstelle zu errichten, deren Aufgabe vor allem die Abnahme, Bezahlung und Unterbringung der zwangsbewirtschafteten Speisefette war. Sie sollte in eine Verwaltungsabteilung und eine Geschäftsabteilung gegliedert werden; die Verwaltungsabteilung war als öffentliche Behörde, die Geschäftsabteilung als GmbH. vorgesehen. Da sich die Gründung einer GmbH. nicht durchführen ließ, übernahm ein Kaufmann die Einrichtung der Geschäftsabteilung aus eigenen Mitteln; die Arbeiten erledigte er mit Hilfe seiner Angestellten. Im Jahre 1920 regte er die Gründung einer GmbH. an, da ihm wegen der fortschreitenden Geldentwertung das Risiko zu groß erschien; er nahm daran selbst als Gründer teil. Das Stammkapital wurde auf 300 000 Mark, die Stammeinlage des Kaufmanns auf 160 000 Mark festgesetzt; er deckte diesen Betrag in der Weise, daß er mit Zustimmung des Oberpräsidenten der Provinz die Geschäftsabteilung der Provinzialfettstelle, insbesondere die dazugehörigen Forderungen, Immobilien und Mobilien nebst Schulden einbrachte. Er wurde als Geschäftsführer aufgestellt; als Vergütung wurden ihm 25% des Rohgewinns zugesichert. Außerdem wurde ein von allen Mitgliedern des Aufsichtsrates unterzeichnetes Abkommen getroffen, wonach die Gesellschaft sich verpflichtete, ihm für die in den Jahren 1916 bis 1920 geleisteten Arbeiten 240 000 Mark und für Aufwendungen weitere 60 000 Mark sowie eine Prämie von ½% aus dem bisherigen Umsatz zu zahlen. Am 10. Januar 1925 wurde eine weitere Abmachung zum Zwecke der Umrechnung der Ansprüche des Geschäftsführers in Reichsmark getroffen; hiernach hatte er rund 917 000 Reichsmark zu beanspruchen. Am 31. März 1927 schied er aus dem Dienste der Gesellschaft aus; am 30. Juli 1927 wurde über diese der Konkurs eröffnet. Der Geschäftsführer hatte aus deren Vermögen rund 490 000 Reichsmark entnommen. Diesen Betrag verlangte der Konkursverwalter zurück. Die Klage drang durch. Das gleichzeitig mit der Gründung der Gesellschaft getroffene Abkommen war unwirksam, wenn sich die dem Beklagten gegenüber übernommenen Verpflichtungen als Entgelt für das Einbringen des Vermögens der Fettstelle-Geschäftsabteilung (oder als sogenannte Gründungsvergütung) darstellten; es hätte in diesem Fall in den Gesellschaftsvertrag aufgenommen werden müssen. Das Abkommen stand mit der Gründung der Gesellschaft in engstem Zusammenhang. Die darin dem Beklagten zugesicherten Leistungen galten für eine Tätigkeit, die der Schaffung, Erhaltung und Vermehrung des Vermögens der Fettstelle-Geschäftsabteilung gegolten hatte. Gehörte dieses Vermögen dem Beklagten, so stellte eine Vergütung, die ihm anschließend an die Übereignung gewährt wurde, wirtschaftlich zweifellos eine Vergütung für die Vermögensüberlassung dar. Daß die Vergütung so bemessen wurde, wie wenn der Beklagte die Fettstelle-Geschäftsabteilung als ein fremdes Unternehmen geführt hätte, änderte daran nichts. Das finanzielle Schwergewicht lag für den Beklagten nicht in seinen Gesellschafterrechten und ihrer Ausgestaltung durch den Gesellschaftsvertrag, sondern in seinen Gläubigeransprüchen aus dem Abkommen; dieses und nicht der Gesellschaftsvertrag enthielt also in geldlicher Beziehung das, was als Entgelt für die Vermögenshingabe bezeichnet werden konnte. Auch für die Gesellschaft enthielt zur Frage der Abfindung des Beklagten nicht der Gesellschaftsvertrag alles Wesentliche, sondern das Abkommen, da die hierdurch für sie begründeten Schulden einen erheblichen Teil des eingebrachten Vermögens von vornehierein aufzehrten. Für die rechtliche Beurteilung war es aber von ausschlaggebender Bedeutung, ob die Verbindlichkeiten, mit denen sich das Abkommen befaßte, der GmbH. ohnehin schon nach dem Gesellschaftsvertrag zur Last fielen. Entscheidend kam es dabei darauf an, ob diese Ansprüche zu den Schulden der Geschäftsabteilung gehörten, die nach dem Gesellschaftsvertrag auf die Gesellschaft übergehen sollten. Nach der Bekanntmachung des Bundesrats über Speisefette und die dazu ergangenen Ausführungsbestimmungen konnte auch eine Einzelperson Rechtsträgerin der Fettstelle-Geschäftsabteilung mit der Maßgabe sein, daß das finanzielle Ergebnis zu ihren Lasten, aber auch zu ihrem Nutzen ging. Die öffentlichen Interessen konnten durch die Verwaltungsbehörde, unter deren Aufsicht die Geschäftsabteilung stand, hinlänglich gewahrt werden. So lag die Sache hier. Dafür, daß der Beklagte nur als Treuhänder des Staates tätig geworden wäre, lagen keine Anhaltspunkte vor. Daß der Beklagte aus dem Vermögen der Fettstelle-Geschäftsabteilung zahlreiche, zum Teil sehr große Schenkungen für öffentliche Zwecke gemacht hatte, sprach dafür, daß er bis zuletzt freier Eigentümer dieses Vermögens war. Durch die Hervorhebung, daß das Vermögen der Landesfettstelle mit Zustimmung des Oberpräsidenten der Provinz in die GmbH. eingebracht werde, wurde nur klargestellt, daß von staatlicher Seite gegen das Verfügungsrecht des Beklagten keine Einwendung erhoben wurde. Hiernach fielen die im Abkommen festgelegten Verpflichtungen nicht schon unter die von der Gesellschaft übernommenen Schulden der Fettstelle-Geschäftsabteilung. Zur Zeit des Abschlusses des Gründungsvertrags bestanden gar keine Ansprüche des Beklagten gegen dieses Vermögen, da es ihm ja selbst gehörte. Die Verpflichtungen hätten also, um rechtswirksam zu sein, im Gesellschaftsvertrag festgelegt werden müssen; das Abkommen war ungültig. Auch wenn die Ansprüche des Beklagten als Gründerlohn anzusehen gewesen wären, hätten sie der Aufnahme in den Gesellschaftsvertrag bedurft, um der Gesellschaft gegenüber Rechtsverbindlichkeit zu erlangen. Bei der Abmachung vom 10. Januar 1925 handelte es sich um eine nachträgliche Änderung des Gesellschaftsvertrags; die hiefür nach dem Gesetz und dem Gesellschaftsvertrag erforderliche Form war nicht eingehalten. (II, 28. Juli 1929.)

Amtl. Sammlg. S. 323—338.

Vgl. Bd. 113 S. 241.

64. Vereinsstrafen. (BGB. § 25.) Der Berliner Apothekerverein, Mitglied des Deutschen Apothekervereins, erließ gegen eines seiner Mitglieder einen Beschluß, durch den diesem auferlegt wurde, ein bestimmtes Mittel nur zu einem festgesetzten Preis abzugeben und in allen Anpreisungen nur diesen Verkaufspreis bekanntzugeben. Er legte Beschwerde an den Ehrengerichtshof des Deutschen Apothekervereins ein; dieser sprach eine Geldstrafe von 1000 Reichsmark aus und machte noch verschiedene Auflagen. Die Klage auf Aufhebung der beiden Beschlüsse drang durch. Das ehrengerichtliche Verfahren gegen den Kläger wurde am 14. Mai 1926 eingeleitet. Am 1. Mai 1926 war eine neue Fassung der Satzung des Deutschen Apothekervereins in Kraft getreten; nach dieser waren die beiden Beschlüsse zulässig. Zur Würdigung standen aber nur Handlungen des Klägers, die vor dem 1. Mai 1926 lagen; diese waren nach der früheren Fassung der Satzung zu beurteilen. Die Verhängung von Strafen durch Vereinsorgane gegen Vereinsmitglieder bildet einen Akt der Selbstverwaltung des Vereins. Dieser unterwirft sich das Mitglied durch seinen Eintritt in den Verein nur in den aus der Satzung ersichtlichen Grenzen. Daraus folgt, daß nicht nur solche Strafen und Disziplinarmaßregeln verhängt werden dürfen, die in der Satzung vorgesehen sind, sondern auch, daß ein Mitglied nur wegen solcher Handlungen bestraft werden kann, die schon zur Zeit der Begehung von der Satzung mit Strafe bedroht waren. Nach der früheren Fassung der Satzung unterlagen aber der Beurteilung des Ehrenrats nur Handlungen der Vereinsmitglieder, welche die Ehre des Standes, des Vereins oder eines Vereinsmitgliedes verletzten konnten. Dem Kläger war nur zur Last gelegt, durch Preisunterbietungen sowie durch Bekanntgabe einer Anzeige, die irreführende Angaben enthielt, den Anschein eines besonders günstigen Angebots hervorgerufen zu haben. Ein solches Verhalten war nicht notwendig als ehrverletzend im Sinne der Satzung anzusehen; die Begründung der Entscheidung des Ehrengerichtshofes bot auch keinen Anhaltspunkt dafür, daß dieser es so angesehen hätte. Die neue Fassung der Satzung sah auch ein Einschreiten gegen unlauteres Geschäftsgebahren der Mitglieder vor; diese fand aber auf das zur Würdigung stehende Verhalten des Beklagten keine Anwendung. IV, 1. Juli 1929.)

Amtl. Sammlg. S. 338—342.

65. Stempelabgabe. Sicherungsabtretung. (PrStempStG. Tarifst. 1, 15.) Eine Forderung wurde zum Zwecke der Sicherung einer anderen Forderung abgetreten. Es wurde eine Stempelabgabe für die Abtretungserklärung erhoben. Die Klage auf Zurückzahlung eines Teils der Abgabe, die damit begründet wurde, daß es sich um ein Sicherungsgeschäft gehandelt habe, hatte keinen Erfolg. Bei einer Abtretung, die zur Sicherung einer Schuldverpflichtung erfolgt, geht nur der wirtschaftliche Zweck auf Sicherung; entscheidend ist aber der rechtliche Inhalt des Geschäfts und dieses geht auf Übereignung des abgetretenen Rechts, wenn auch mit der schuldrechtlichen Pflicht, die abgetretene Forderung nach Tilgung der Schuld wieder zurückzuübertragen. Der Zweck der Abtretung gehört nicht ihrem Inhalt an, weil er lediglich das Schuldgeschäft betrifft, die Abtretung selbst aber ein abstraktes Geschäft ist. (VII, 20. September 1929.)

Amtl. Sammlg. S. 342—344.

66. Aufwertung. Härtevorschriften. (AufwG. §§ 15, 78.) Auf einem Grundstück war seit 1895 eine Darlehenshypothek von 30 000 Mark eingetragen. Der Eigentümer des Grundstücks verkaufte dieses im Februar 1924. Am 1. März 1924 zahlte er die Hypothek mit 3500 Goldmark zurück. Der Gläubiger verlangte auf Grund des Aufwertungsgesetzes weitere Aufwertung der persönlichen Forderung; er war damit einverstanden, daß die Zahlung vom 1. März 1924 mit 4250 Goldmark angerechnet werde. Die Aufwertungsstelle sprach ihm weitere 3250 Goldmark zu; das Landgericht wies die Beschwerde des Schuldners zurück. Das Kammergericht wollte der weiteren Beschwerde stattgeben, weil eine Prüfung unter dem Gesichtspunkt der Härtevorschriften des § 15 AufwG. unterblieben war; wegen eines abweichenden Beschlusses des Bayerischen Obersten Landesgerichts legte es die Sache dem Reichsgericht vor. Dieses verwarf die weitere Beschwerde. Durch die Vorschrift des § 78 AufwG. soll sichergestellt werden, daß ein Gläubiger, der nach dem Inkrafttreten der 3. Steuernotverordnung im Vertrauen auf die dort getroffene Regelung eine Leistung des Schuldners angenommen hat, nicht schlechter dastehe als ein Gläubiger, der in der Hoffnung auf eine günstigere Regelung in der künftigen Gesetzgebung die Annahme der Leistung bis zum Inkrafttreten des Aufwertungsgesetzes hinausgezögert hat. Da nun nach dem Aufwertungsgesetz ein Gläubiger, der mit der Annahme der Leistung bis zum Inkrafttreten des Aufwertungsgesetzes gewartet hat, nur einem Herabsetzungsantrag des Schuldners aus § 8, nicht aber der Anwendung der Härtevorschriften des § 15 ausgesetzt ist, würde die Heranziehung des § 15 gegenüber einem Aufwertungsbegehren aus § 78 für diesen Fall auf eine Benachteiligung des Gläubigers hinauslaufen, die mit dem Grundgedanken des § 78 nicht verträglich wäre. (V, 28. September 1929.)

Amtl. Sammlg. S. 344—347.

67. Allgemeine Gütergemeinschaft. Sondergut. Weitere Beschwerde. (BGB. §§ 1438, 1439, 1442, 1445, 1483, 1490, 1497; GBO. §§ 29, 79, 80; ZPO. § 860.) Ein Landwirt setzte nach dem Tode seiner Frau die allgemeine Gütergemeinschaft mit seinen beiden Kindern, einem Sohn und einer Tochter, fort. Die Kinder waren verheiratet und lebten in allgemeiner Gütergemeinschaft. Nach einigen Jahren wurde zwischen dem Vater, dem Sohn, der Tochter und deren Ehemann ein Vertrag geschlossen, wonach der Tochter und ihrem Ehemann ein Teil der Grundstücke gegen Entgelt überlassen wurde. Die Frau des Sohnes war nicht beigezogen worden und verweigerte die Zustimmung. Mit Rücksicht hierauf lehnte das Grundbuchamt die Eintragung ab. Die Beschwerde und die weitere Beschwerde hatten keinen Erfolg. Die Vorlegung der Sache an das Reichsgericht war veranlaßt, weil die entscheidende Frage nicht nur dem bürgerlichen Recht, sondern auch dem Grundbuchrecht angehörte. Ob während der Dauer der fortgesetzten Gütergemeinschaft der Anteil des Sohnes innerhalb der allgemeinen Gütergemeinschaft zwischen ihm und seiner Frau zum Gesamtgut oder zum Sondergut gehörte, ließ das Reichsgericht dahingestellt; zu entscheiden war nur, welche Rechtsstellung der Anteil einnahm, wenn die fortgesetzte Gütergemeinschaft durch Vertrag zwischen dem überlebenden Ehegatten und den anteilsberechtigten Abkömmlingen aufgehoben worden, die Auseinandersetzung aber noch nicht beendet ist. Für die

Beurteilung des Anteils als Sondergut während der Dauer der fortgesetzten Gütergemeinschaft wird besonders geltend gemacht, daß in das Sondergut alle Gegenstände fallen, die nicht durch Rechtsgeschäft übertragen werden können (§ 1439). Nach Aufhebung der fortgesetzten Gütergemeinschaft trifft das für den Anteil des Abkömmlings nicht mehr zu; der Anteil ist frei vererblich und auch dem Zugriff der Gläubiger des Abkömmlings zugänglich. Die frühere Gemeinschaft auf Gedeihen und Verderb, die gegen das Eindringen Dritter nach allen Richtungen geschützt war, ist hienach durchbrochen. Was aber dem gewillkürten Erben und den Gläubigern des Abkömmlings recht ist, das ist dem Ehegatten, der mit dem Abkömmling in allgemeiner Gütergemeinschaft lebt, billig. Wenn ihm früher die Beteiligung an der durch die Blutsverwandtschaft gebildeten Gemeinschaft verschlossen sein mochte, so fällt diese Schranke jedenfalls fort mit der Beendigung der Gemeinschaft selbst, namentlich dann, wenn die Verwandten sie freiwillig vertraglich lösen. Die Erwägung, daß das Gesetz zur Sicherstellung der Auseinandersetzung durch eine Sondervorschrift (§ 1497) einstweilen noch dem Abkömmling die freie Verfügung über seinen Abteil untersagt, genügt für sich allein nicht mehr, um den Anteil zuungunsten des Ehegatten vom Gesamtgut auszuschließen und als Sondergut zu behandeln; vielmehr ist seine Einbeziehung in das Gesamtgut mit dem Grundgedanken und dem Zweck der beendigten fortgesetzten Gütergemeinschaft zwischen den Verwandten vereinbar und durch den Grundgedanken und den Zweck der allgemeinen Gütergemeinschaft zwischen den Eheleuten geboten. Demgemäß bedurfte der Sohn der Einwilligung seiner Ehefrau zu der Überlassung der Grundstücke an seine Schwester und deren Ehemann. Daran wurde auch durch den Umstand nichts geändert, daß er nachträglich mit seiner Ehefrau Gütertrennung vereinbarte. (V, 28. September 1929.)

Amtl. Sammlg. S. 347—356.

68. Aktiengesellschaft. Vorzugsaktien. Satzungsänderungen. (HGB. § 275.) Das Grundkapital eine Aktiengesellschaft betrug 18 200 000 Reichsmark. Es verteilte sich auf zwei Aktiengattungen: 18 000 000 Reichsmark Stammaktien und 200 000 Reichsmark Vorzugsaktien. Bei den Stammaktien entfielen auf 60 Reichsmark eine

Stimme, bei den Vorzugsaktien auf je 20 Reichsmark zwei Stimmen, bei Satzungsänderungen, Aufsichtsratswahlen und Auflösung der Gesellschaft aber je 24 Stimmen. Die Stammaktionäre verfügten sonach über 300 000 Stimmen, die Vorzugsaktionäre in der Regel über 20 000 Stimmen, in den angegebenen Sonderfällen aber über 240 000 Stimmen. Nach der Satzung waren die Beschlüsse der Generalversammlung in der Regel mit einfacher Stimmenmehrheit zu fassen; eine Mehrheit von drei Vierteln des bei der Beschlußfassung vertretenen Grundkapitals war aber erforderlich zu einer Reihe von wichtigen Beschlüssen, die gesondert aufgezählt waren. Die Verwaltung beantragte die Änderung dieser Bestimmung dahin, daß einfache Stimmenmehrheit in allen Fällen genügen sollte, in denen nicht gesetzlich zwingend eine größere Mehrheit vorgeschrieben ist; hiernach hätten auch Änderungen der Satzung mit einfacher Mehrheit beschlossen werden können. In der Generalversammlung waren 13 413 480 Reichsmark Stammaktien mit 223 558 Stimmen, außerdem die sämtlichen Vorzugsaktien vertreten. Die Abstimmung, bei der die Stammaktien und die Vorschußaktien gemeinschaftlich stimmten, ergab 407 611 Stimmen für und 55 947 Stimmen gegen den Antrag. Wenn die Vorzugsaktien nur mit je 2 Stimmen für 20 Reichsmark gezählt wurden, waren 187 611 Stimmen für und 55 947 Stimmen gegen den Antrag. Der Vorsitzende stellte fest, daß bei beiden Berechnungsarten die Änderung der Satzung mit drei Viertel Mehrheit beschlossen sei. Ein Aktionär, der 50 Stammaktien zu 60 Reichsmark, also 50 Stimmen besaß, gab seinen Widerspruch zu Protokoll und klagte auf Nichtigerklärung des Beschlusses. Die Klage wurde in zwei Rechtszügen abgewiesen. Das Reichsgericht gab ihr statt. Unter einer Mehrheit von drei Vierteln des vertretenen Grundkapitals ist nicht einfach die Mehrheit von drei Vierteln der abgegebenen Stimmen zu verstehen. Wenn Vorzugsaktien mit hohem Stimmrecht und geringer Kapitalbeteiligung neben Stammaktien stehen, ist es leicht möglich, daß die Stimmenmehrheit nur eine Minderheit des vertretenen Kapitals hinter sich hat. Die Ansicht, daß beim Vorhandensein von Aktien mit mehrfachem Stimmrecht die Nennbeträge der Stimmrechtaktien und ebenso des Grundkapitals entsprechend dem Mehrstimmrecht in die Rechnung einzustellen sei, entbehrt der gesetzlichen Grundlage. Demnach war die Rechtslage die, daß zu Satzungsänderungen weder einfache noch bloße Dreiviertelstimmenmehrheit genügte, sondern weiterhin hinter den zustimmenden Aktionären mindestens drei Viertel des vertretenen Grundkapitals stehen mußten. Die Stimmen waren nicht nur zu zählen, sondern auch zu wägen. Durch den angefochtenen Beschluß sollte aber in Zukunft die einfache Stimmenmehrheit bei der Abstimmung ausreichen, insoweit also bei der Beschlußfassung die vertretene Kapitalmacht als mitbestimmender Umstand für die Bildung des Gesellschaftswillens überhaupt ausscheiden. Der Beschluß brachte also eine unzweifelhafte Änderung der Verhältnisse der beiden Aktiengattungen zueinander und zwar zum Nachteil der Stammaktien. Demgemäß war eine Sonderabstimmung der Stammaktien erforderlich, die zudem rechtzeitig und gehörig hätte angekündigt werden müssen. Dieser Mangel des Beschlusses konnte auch im Wege der Anfechtungsklage geltend gemacht werden. (II, 24. September 1929.) Amtl. Sammlg. S. 356—361.

Vgl. Bd. 79 S. 112.

69. Grundschuld. Zubehör. Zwangsversteigerung. (BGB. §§ 1113, 1120, 1121, 1122, 1147, 1181, 1191, 1192, 1196, 1197; ZVG. §§ 91, 118, 127, 128, 130.) Die offene Handelsgesellschaft R. & E. betrieb eine Weberei. Zum Gesellschaftsvermögen gehörten Grundstücke, die auf den Namen der Gesellschaft eingetragen waren; die Gesellschaft ließ darauf am 29. November 1924 eine Eigentümergrundschuld von 100 000 Goldmark für sich eintragen. Durch einen Vertrag vom 28. März 1925 schied E. als offener Gesellschafter aus, während R. das Geschäft unter der alten Firma fortführte; die Grundstücke wurden R. übereignet und die Eigentümergrundschuld an E. abgetreten. Im Juli 1926 wurde die Zwangsversteigerung der Grundstücke angeordnet. E. trat von seiner Grundschuld 40 000 Goldmark an H., 25 000 Goldmark an M. ab; den beiden Gläubigern wurden Teilgrundschuldbriefe ausgehändigt. Bei der Versteigerung stand die ganze Grundschuld außerhalb des geringsten Gebots. E. erwarb die Grundstücke. Von dem Erlös entfielen auf H. rund 9000 Reichsmark; es wurde ihm eine Forderung in dieser Höhe gegen E. übertragen und dafür eine Sicherungshypothek bestellt. M. fiel aus; sein Teilgrundschuldbrief wurde unbrauchbar gemacht und zu den Akten genommen. E. übereignete die Grundstücke an S.; dieser erwarb auch die Grundschuldrechte von H. und M. Die offene Handelsgesellschaft hatte im März 1925 eine Maschine gekauft; sie hatte zu diesem Zweck ein Darlehen aufgenommen und übereignete im August 1925 dem Gläubiger die Maschine zur Sicherung. Im Zwangsversteigerungsverfahren machte dieser sein Eigentum geltend; da alle betreibenden Gläubiger zustimmten, wurde die Maschine freigegeben. Der Klage des Eigentümers auf Herausgabe der Maschine war vom Berufungsgericht entsprochen worden. Das Reichsgericht verwies die Sache zurück. Die Maschine war mit der Lieferung Zubehör des Fabrikgrundstücks geworden. Die am 29. November 1924 begründete Eigentümergrundschuld erfaßte auch sie. Daß die Haftung nicht im Wege der Zwangsvollstreckung geltend gemacht werden konnte, weil die Grundschuld dem Grundstückseigentümer zustand, machte nichts aus. Auch durch die Sicherungsübereignung wurde die Maschine von der Haftung nicht frei. Auch wenn die offene Handelsgesellschaft und der Darlehensgläubiger hierüber einig gewesen wären, hätte das eine Enthaftung der Maschine mit dinglicher Wirkung für Dritte nicht herbeigeführt; bestenfalls wäre dadurch eine persönliche Einrede des Klägers begründet worden für den Fall, daß die ursprüngliche Eigentümergrundschuld-Gläubigerin die Haftung der Maschine für die Grundschuld geltend gemacht hätte. Einem an dem Abkommen nicht beteiligten späteren Grundschuldgläubiger gegenüber bestimmte sich der Umfang der Haftung ausschließlich nach dem Gesetz. H. und M. konnten also die Haftung der Maschine geltend machen. Mit dem Zuschlag erloschen zwar ihre außerhalb des geringsten Angebots stehenden Grundschulden an dem versteigerten Grundstück; die Haftung des von der Zwangsversteigerung ausgeschlossenen Zubehörs für den Ausfall der Grundschulden blieb aber bestehen. Ob die Rechte, die H. und M. noch zustanden, begrifflich als Grundschulden anzusehen waren, blieb dahingestellt; allgemein ist aber anerkannt, daß die für das alte Recht gegebenen gesetzlichen Vorschriften für solche Fälle nur insoweit anwendbar bleiben, als nicht ihre Anwendung gerade dadurch ausgeschlossen wird, daß nicht mehr das Grundstück, sondern etwas anderes (Erlös, Zubehör) allein den Gegenstand der Haftung bildet. Demgemäß ist zu Verfügungen über das bestehen gebliebene Recht nicht mehr die Form erforderlich, in der zur Zeit der Grundstückshaftung darüber verfügt werden mußte; die Übertragung kann vielmehr formlos geschehen. Hiernach hatte der Beklagte die Gläubigerrechte von H. und M. erworben. Diese Rechte gaben ihm noch kein Recht zum Besitz der Maschine; er konnte aber dem Verlangen der Herausgabe deshalb widersprechen, weil durch die Herausgabe die Maschine von der Haftung frei geworden wäre. Seinerseits konnte der Beklagte vom Kläger die Duldung der Zwangsvollstreckung in der Maschine verlangen; nachdem die Haftung des Grundstückes selbst erloschen war, stand der Vollstreckung in die noch in der Haftung verbliebenen Zubehörstücke der Umstand, daß es sich um eine Eigentümergrundschuld handelte, nicht mehr im Wege. (V, 3. Oktober 1929.)

Amtl. Sammlg. S. 362—369.

Vgl. Bd. 55 S. 414; Bd. 88 S. 304.

70. Beamtenrecht. Wohnungsgeldzuschuß. Wohlerworbene Rechte. (RVerf. Art. 109, 129; PrBesG. § 7.) Ein lediger Amtsgerichtsrat in Berlin erhielt auf Grund der Besoldungsregelung von 1927 an Stelle des für seine Gehaltsgruppe berechneten Wohnungsgeldzuschusses den der nächstniedrigen Tarifklasse. Seine Klage auf Zahlung des Unterschieds hatte keinen Erfolg. Er sah eine Verletzung seiner wohlerworbenen Rechte darin, daß durch die bisher dem Beamtenrecht fremde unterschiedliche Behandlung der Verheirateten und der unverheirateten Beamten eine Verschlechterung seiner Bezüge eingetreten sei, zwar nicht im Verhältnis zu seinem bisherigen Gehalt, aber im Verhältnis zu dem der Mehrzahl der Beamten seiner Gehaltsgruppe, ohne daß sich eine Änderung der von diesen geleisteten Arbeit, der Schwierigkeit ihrer Obliegenheiten oder des Maßes ihrer Verantwortung ergeben hätte. Auf diese Umstände kam es aber nicht an. Der Beamte muß sich gefallen lassen, daß die Gesetzgebung eine Regelung trifft, durch die aus sachlichen Erwägungen, insbesondere bei Berücksichtigung der Natur des Diensteinkommens als einer Unterhaltsrente, bestimmte Gruppen von Beamten besoldungsrechtlich anders behandelt werden als die übrigen Angehörigen der betroffenen Beamtenklasse, soweit nicht eine Kürzung des bis dahin bezahlten Gesamteinkommens eintritt. So kann der Staat dienstältere Beamte höher besolden als dienstjüngere, verheirateten Beamten Frauenzulagen, Beamten mit Kindern Kinderbeihilfen zubilligen und sie ihnen, wenn ihr Gesamteinkommen vermindert wird, auch wieder entziehen. So muß dem Staat auch das Recht eingeräumt sein, ledigen Beamten einen geringeren Wohnungsgeldzuschuß zu zahlen als verheirateten. Aus der Vorschrift der Reichsverfassung, daß alle Deutschen vor dem Gesetz gleich sind, ergibt sich nicht, daß eine unterschiedliche Behandlung von verheirateten und ledigen Personen unzulässig ist. Die Vorschrift verbietet nur die willkürliche unterschiedliche Behandlung der einzelnen Staatsbürger bei gleichliegenden Tatbeständen. Von einer Willkür konnte aber hier keine Rede sein, denn die Einführung eines Unterschieds in der Gewährung des Wohnungsgeldzuschusses zwischen verheirateten und ledigen Beamten beruhte auf beachtlichen sozialen Erwägungen. Auch darin, daß von der für ledige Beamte getroffenen Regelung wiederum die ledigen Geistlichen ausgenommen wurden, war keine Willkür zu erblicken; Geistliche müssen unter Berücksichtigung der ihnen zufallenden Aufgaben ihren Haushalt in anderer Form gestalten als andere ledige Beamte. (III, 17. September 1929.)

Amtl. Sammlg. S. 369—372.

71. Genossenschaft. Aufwertung. Beteiligungsverhältnis. (AufwG. §§ 63, 65.) Der Geschäftsführer einer Genossenschaft, der zugleich Genosse war, wurde in den Vorstand gewählt; er hatte seinen Geschäftsanteil in der Zeit der Geldentwertung voll eingezahlt und auch seinen genossenschaftlichen Zahlungspflichten genügt, auch Geldeinlagen bei der Genossenschaft gemacht. Sein Antrag, diese Einlagen aufzuwerten, wurde in zwei Rechtszügen mit der Begründung abgelehnt, daß er mit der Genossenschaft im Kontokorrentverhältnis gestanden habe. Das Reichsgericht verwies die Sache zurück. Der Antragsteller war bei der Genossenschaft auf Dienstvertrag angestellt; daß er unter Fortdauer dieses Rechtsverhältnisses in den Vorstand gewählt wurde, änderte daran nichts. Er war also Arbeitnehmer und hatte als solcher Anspruch auf Aufwertung seiner Einlagen. Es lag auch ein Beteiligungsverhältnis vor; Gelder, die von Genossen zur Errichtung der Zwecke der Genossenschaft vorgestreckt werden, stärken deren finanzielle Grundlage und können eine Erhöhung des Gewinnes oder eine Verminderung der Verluste bewirken; sie schaffen zwischen den geldgebenden Genossen und der Genossenschaft auf der Grundlage des genossenschaftlichen Bandes besonders enge Beziehungen, die weit über das gewöhnliche Rechtsverhältnis zwischen Geldgeber und Darlehensempfänger hinausgehen. Auf Grund des Genossenverhältnisses und der damit verbundenen Rechte, besonders des Stimmrechts und der daraus fließenden weiteren genossenschaftlichen Befugnisse, standen dem Beklagten auch gewisse Mitverwaltungs- und Kontrollrechte gerade in Hinsicht der Finanzgebarung der Genossenschaft zu, von denen er zur Wahrung nicht nur der genossenschaftlichen Belange, sondern auch seiner Belange als Geldgeber Gebrauch zu machen in der Lage war. Rechtsbeziehungen dieser Art können sehr wohl unter den Begriff des Beteiligungsverhältnisses gebracht werden. (II, 27. September 1929.) Amtl. Sammlg. S. 372—374.

Vgl. Bd. 122 S. 387; Bd. 123 S. 351.

72. Arzt. Haftung. Arznei. Ursächlicher Zusammenhang. (BGB. §§ 276, 823, 844.) Ein Arzt verschrieb als örtliches Betäubungsmittel

½% Novocain-Suprareninlösung
20,0.

Der Apotheker stellte auf Grund des Rezepts die Lösung so her, daß er 0,1 g Novocain in Suprareninlösung 1 : 1000 ohne Zusatz von Wasser auflöste. Ohne diese Verdünnung war diese Lösung unbedingt tödlich. In vollständiger Weise hätte das Rezept lauten müssen:

Novocain 0,1 Sol. Suprarenin 1 : 1000 guttae 4
Aqua dest. ad 20,0
Sol. sterilisata.

Ein Mann, bei dem die Lösung angewendet wurde, starb alsbald. Seine Witwe und seine Kinder klagten gegen den Arzt auf Schadenersatz. Das Berufungsgericht wies die Klage ab; das Reichsgericht verwies die Sache zurück. Das Berufungsgericht hatte darauf Wert gelegt, daß in dem Rezept zwischen den Worten Novocain und Suprareninlösung ein Bindestrich stand und daß die Zahl 20 nicht neben das Wort Suprareninlösung, sondern darunter geschrieben war; daraus ging nach seiner Auffassung deutlich hervor, daß der Beklagte eine aus Novocain und Suprarenin bestehende Lösung wollte und daß die Zahl 20 nicht die zu verwendende Menge Suprarenin, sondern die Menge Wasser bezeichnen sollte, in der die beiden Mittel aufzulösen waren. Die Verursachung des schadenbringenden Ereignisses erblickte das Berufungsgericht beim Apotheker, der das Rezept nicht aufmerksam gelesen und deshalb die Bedeutung der Zahl 20 nicht erkannt habe. Das Reichsgericht billigte diese Auffassung nicht. Der Apotheker war dadurch, daß der Beklagte die Tropfenzahl der beizufügenden Suprareninlösung nicht gegeben, auch nicht kenntlich gemacht hatte, daß sich die Zahl 20 auf die Menge des der Lösung beizufügenden Wassers beziehen sollte, zur Anfertigung des Medikaments in unverdünnter Gestalt verleitet worden. Das lag nicht außerhalb des Bereichs der Wahrscheinlichkeit; auch durch den Hinweis, daß das Mittel zur Infiltrationsanästhesie verwendet werden sollte, wurde daran nichts geändert, da der Apotheker mit der Möglichkeit rechnen mußte, der Arzt werde die Verdünnung im Einzelfall selbst vornehmen. Die vom Beklagten gewählte Abkürzung barg also nach dem regelmäßigen Gang der Dinge die Gefahr in sich, daß der Apotheker durch sie zur Herstellung des Mittels in einer Stärke bestimmt wurde, die bei Verwendung in einem einzigen Fall die tödliche Wirkung auslöste. Es war daher nicht zweifelhaft, daß der abgekürzten Bezeichnung für die Zusammensetzung des Betäubungsmittels eine ursächliche Bedeutung für den Schaden der Kläger im Rechtssinn beizumessen, der ursächliche Zusammenhang als ädaquat anzusehen war. Eine Unterbrechung dieses Zusammenhangs ergab sich nicht daraus, daß die Art und Weise der Zubereitung des Mittels durch den Apotheker als eine mitwirkende Ursache des Schadens anzusehen war. Bei der Prüfung der Frage des Verschuldens des Beklagten war davon auszugehen, ob für ihn die tödliche Wirkung der Anwendung des Mittels bei Einsetzung der im Verkehr erforderlichen Sorgfalt voraussehbar war. Nur wenn der Beklagte es als gewiß hätte ansehen dürfen, daß die von ihm angewandte abgekürzte

Form den Apothekern als die Bezeichnung der von ihm gewünschten ungefährlichen Zusammensetzung allgemein bekannt und geläufig sei, wenn er also auch bei einem minderbegabten und minder sachkundigen Apotheker richtiges Verständnis hätte voraussetzen können, hätte er sich bei der Gefährlichkeit eines zu hohen Gehalts an Suprareninlösung der Abkürzung ohne Verletzung der von ihm zu beobachtenden Sorgfalt bedienen dürfen. Hierauf kam es um so mehr an, als der Beklagte seinem Patienten die Besorgung des Mittels und die Auswahl der Apotheke überließ und ihm nicht eine bestimmte Stelle bezeichnete, von der er mit ausreichender Sicherheit die Herstellung des Mittels in dem von ihm gewollten Sinne erwarten konnte. (III, 27. September 1929.)

Amtl. Sammlg. S. 374—379.

73. Offene Handelsgesellschaft. Schenkungsversprechen. Abfindung unehelicher Kinder. Sittliche Verpflichtung. (BGB. §§ 516, 534, 1804; HGB. § 126.) Eine Holzhandlung wurde nach dem Tode des Eigentümers von seiner Witwe, seinem minderjährigen Sohn und seinem Bruder in offener Handelsgesellschaft fortgeführt; die Witwe und der Bruder waren gemeinschaftlich zur Vertretung berechtigt. Der frühere Inhaber hatte zwei uneheliche Kinder; mit deren Vormund vereinbarten die Witwe und der Bruder namens der offenen Handelsgesellschaft, daß sie eine Abfindung von je 4000 Reichsmark erhalten sollten. Die Vereinbarung wurde von einem Gerichtsschreiber des Vormundschaftsgerichts beurkundet und vom Vormundschaftsgericht genehmigt. Nach Auflösung der offenen Handelsgesellschaft übernahm der Bruder das Geschäft mit allen Aktiven und Passiven. Er verweigerte die Zahlung der Abfindung. In zwei Rechtszügen wurde er verurteilt; das Reichsgericht wies die Klage ab. Als Vertreter der offenen Handelsgesellschaft waren die beiden Geschäftsführer auch berechtigt, Schenkungsversprechen für diese abzugeben. Daß neben ihnen an der offenen Handelsgesellschaft auch ein von der Vertretung ausgeschlossener minderjähriger Gesellschafter beteiligt war, machte nichts aus; die offene Handelsgesellschaft konnte durch ihre Vertreter auch solche Geschäfte abschließen, die der Vormund oder Pfleger des minderjährigen Gesellschafters für diesen überhaupt nicht oder nur mit vormundschaftsgerichtlicher Genehmigung hätte vornehmen können. Die Vereinbarung war wegen Formmangels nichtig. Das Berufungsgericht hatte angenommen, eine Schenkung sei nicht gegeben, wenn auch nur einer der Vertragsschließenden sich bewußt sei, daß der versprochenen Leistung eine sittliche oder Anstandspflicht zugrunde liege. Der frühere Geschäftsinhaber hatte allerdings seinen unehelichen Kindern schon eine Abfindung bezahlt; diese war aber durch die Inflation entwertet worden. Hiernach bestand für ihn nach der Auffassung des Berufungsgerichts die sittliche Pflicht, eine neue Abfindung zu zahlen; mit seinem Tode ging diese Pflicht auf seine Erben über. Von diesem Gedanken war auch der Vormund der Kinder ausgegangen; wenn er auch vom Vormundschaftsgericht erfahren hatte, daß diese nichts mehr zu beanspruchen hatten, glaubte er doch, daß sie aus Billigkeitsgründen etwas erhalten müßten. Das Reichsgericht erklärte demgegenüber, daß das Bewußtsein einer Vertragspartei, der versprochenen Leistung liege eine sittliche Verpflichtung zugrunde, die Annahme einer Schenkung nicht ausschließe. Zum Begriff einer Schenkung ist außer einer Zuwendung, durch die jemand aus seinem Vermögen einen anderen bereichert, eine Einigung beider Teile darüber erforderlich, daß die Zuwendung unentgeltlich erfolgt. Unentgeltlich ist eine Zuwendung, der nach dem Inhalt des Rechtsgeschäfts keine Gegenleistung gegenübersteht. Eine Zuwendung, die durch Erfüllung einer Schuld oder durch Hingabe an Erfüllungsstatt erfolgt, ist entgeltlich, weil die Befreiung von der Schuld einen Vermögensvorteil für den Schuldner bedeutet. Die Einigung über die Unentgeltlichkeit fehlt daher, wenn auch nur eine Partei als ihre Meinung zu erkennen gibt, daß auf die Zuwendung ein rechtlicher Anspruch bestehe. Sind beide Teile darüber einig, daß der Zuwendung zwar keine rechtliche, wohl aber eine sittliche oder Anstandspflicht zugrunde liege, so besteht Einigkeit nicht über die Entgeltlichkeit, sondern über die Unentgeltlichkeit der Zuwendung. Das wird vom Gesetz dadurch anerkannt, daß es für Schenkungen und unentgeltliche Verfügungen, durch die einer sittlichen Pflicht oder einer auf den Anstand zu nehmenden Rücksicht entsprochen wird, gewisse Sondervorschriften aufgestellt sind. Im gegebenen Fall bestand gegen die offene Handelsgesellschaft ein Rechtsanspruch der Kläger auch dann nicht, wenn die Erben ihres Vaters trotz der von diesem auf Grund von Abfindungsvergleichen geleisteteten Zahlungen noch zu Unterhaltsleistungen verpflichtet waren; diese Verpflichtung berührte die offene Handelsgesellschaft nicht. Die Vereinbarung stellte sich also als Schenkungsversprechen dar und hätte gerichtlicher oder notarieller Beurkundung bedurft. (IV, 30. September 1929.) Amtl. Sammlg. S. 380—384.

Vgl. Bd. 94 S. 325.

74. Stempelsteuer. Vollmacht. (PrStempStG. § 3 Tarifst. 19; HGB. §§ 407, 412.) Eine Firma übertrug einem Spediteur die Abrollung aller für sie ankommenden Bahnsendungen auf Grund der allgemeinen Geschäftsbedingungen der Vereinigung der Vollmacht-Spediteure und des Vereins deutscher Spediteure. Auf Verlangen des Zollamtes entrichtete der Spediteur dafür einen Vollmachtsstempel. Die Klage auf Zurückzahlung wurde in zwei Rechtszügen abgewiesen; das Reichsgericht gab ihr statt. Das Schriftstück war, da es nur eine Erklärung der Firma, nicht aber die zum Vertragsschluß erforderliche Gegenerklärung des Spediteurs enthielt, nur als Vertragsantrag, nicht aber als Vertrag zu beurteilen. Es konnte immerhin die einseitige, empfangsbedürftige Erklärung einer Vollmachterteilung vorliegen; aber auch diese Auffassung war abzulehnen. Nach den allgemeinen Vertragsbedingungen, auf die Bezug genommen war, schloß allerdings der Auftrag, ankommende Güter in Empfang zu nehmen, die Ermächtigung ein, etwa darauf ruhende Frachten, Zoll und Spesen zu verauslagen; auch zur Abgabe der von der Eisenbahn verlangten Erklärungen wegen Mangel der Verpackung gilt der Spediteur ohne weiteres ermächtigt. Das Spediteurverhältnis ist von dem Grundsatz beherrscht, daß der Spediteur für Rechnung des Auftraggebers in eigenem Namen zu handeln habe; nichts spricht dafür, daß gerade bei diesen Vertragsbestimmungen diese Grundsätze verlassen und eine Befugnis des Spediteurs, im Namen des Auftraggebers als dessen Vertreter zu handeln, hätte aufgestellt werden wollen. Hiernach war die Anforderung eines Vollmachtsstempels ungerechtfertigt. (VII, 4. Oktober 1929.)

Amtl. Sammlg. S. 385—387.

Vgl. Bd. 46 S. 291; Bd. 73 S. 183; Bd. 105 S. 290; Bd. 114 S. 310; Bd. 124 S. 383.

75. Aufwertungsstelle. Forderungsumgestaltung. Zuständigkeit. (AufwG. §§ 10, 69, 77.) Beim Verkauf eines Grundstücks im Jahre 1917 wurde auf dieses eine Restkaufgeldhypothek eingetragen. Im Jahre 1921 erklärte der Schuldner, vom Gläubiger ein Darlehen in der gleichen Höhe erhalten zu haben und bestellte dafür auf anderen Grundstücken eine Hypothek; die Restkaufgeldhypothek wurde gelöscht. Im Jahre 1925 meldete der Gläubiger die Hypothek und die persönliche Forderung, diese als Restkaufgeldforderung, zur Aufwertung an. Es entstand Zweifel darüber, ob der Hypothekschuldner auch persönlicher Schuldner sei. Der Klage auf Feststellung setzte dieser eine Widerklage entgegen, daß die Restkaufgeldforderung erloschen sei und daß die Darlehenshypothek auf einem neu begründeten Schuldverhältnis beruhe. Das Berufungsgericht gab der Klage statt und wies die Widerklage ab. Die Revision des Beklagten blieb erfolglos. Der Kläger hatte gegenüber der Widerklage die Einrede der Unzulässigkeit des Rechtsweges erhoben; diese war begründet. Die Aufwertungsstelle ist auch zur Entscheidung darüber berufen, wie weit die Aufwertung eines Anspruchs als Kaufgeldforderung trotz seiner Umwandlung in eine Darlehensforderung zulässig ist. Nach allgemeinen Rechtsgrundsätzen kann zwar zweifelhaft sein, ob die Umgestaltung der Forderung oder überhaupt die Frage nach ihren rechtlichen Eigenschaften nicht zum Grunde der Forderung gehört; kraft der Sonderregelung im Aufwertungsverfahren werden aber alle Fragen, die mit der Anordnung der Ansprüche unter die verschiedenen einschlägigen Bestimmungen notwendig zusammenhängen, zur Höhe des Anspruchs gerechnet und der Entscheidung der Aufwertungsstelle überlassen. Nur soweit das Bestehen des zur Aufwertung stehenden Papiermarkanspruchs bestritten ist (z. B. hinsichtlich der Person des Gläubigers oder Schuldners) haben die ordentlichen Gerichte zu entscheiden, falls nicht die Parteien die Zuständigkeit der Aufwertungsstelle vereinbaren. Im vorliegenden Fall war durch die Entscheidung über die Klage festgestellt, daß der Beklagte persönlicher Schuldner der Hypothekforderung war; sowohl der Abschluß des Kaufvertrags wie die Bestellung des Darlehens war außer Streit. Demnach standen alle rechtserheblichen Tatsachen fest, die für die Bemessung des Aufwertungsanspruchs von Bedeutung sein konnten und an der Zuständigkeit der Aufwertungsstelle zu der noch erforderlichen Entscheidung über die Höhe des Anspruchs konnte kein Zweifel aufkommen. (VI, 7. Oktober 1929.) Amtl. Sammlg. S. 388—391.

Vgl. Bd. 121 S. 169.

76. Patentverletzung. Unterlassungsanspruch. Wiederholungsgefahr. Beweislast. Grobe Fahrlässigkeit. (PatG. § 4; BGB. § 1004.) Der Inhaber eines Patents für eine Pumpe klagte gegen einen Fabrikanten, der eine ähnliche Pumpe herstellte, auf Unterlassung, Rechnungslegung und Schadenersatz. Nachdem Beweiserhebung beschlossen war, gab der Beklagte die Patentverletzung zu, erkannte seine Kostenpflicht an und beantragte, die Sache für erledigt zu erklären. In zwei Instanzen wurde er trotzdem zur Unterlassung und Rechnungslegung verurteilt. Seine Revision hatte Erfolg. Mit Rücksicht auf die unstreitig erfolgte Patentverletzung war der Beklagte beweispflichtig dafür, daß er sich neue Eingriffe in das Patent des Klägers nicht zuschulden kommen lassen werde. Das Berufungsgericht hatte es für unzureichend angesehen, daß er alle Vorrichtungen zur Herstellung der Pumpe vernichtet hatte, weil es die Überzeugung gewonnen hatte, daß die Erzeugung der Pumpe gleichwohl jederzeit von neuem in Angriff genommen werden könne. Das war aus Rechtsgründen nicht zu beanstanden. Auch der Begriff der groben Fahrlässigkeit war im Berufungsurteil nicht verkannt. Der Beklagte hatte sich allerdings bei einem Patentanwalt erkundigt, ob seine Pumpe gegen das Patent des Klägers verstieß, aber er hatte ihm von den Patenten des Klägers nur eines und zwar nicht jenes vorgelegt, nach dem er seine Pumpe gebaut hatte. Dagegen ließen die Ausführungen des Berufungsgerichts nicht mit hinlänglicher Deutlichkeit erkennen, ob eine Wiederholungsgefahr bestand. Der Beklagte hatte behauptet, daß er ein neues, besseres Modell gebaut habe; aus dem Urteil ging nicht klar hervor, ob auch der Bau dieses Modells untersagt werden sollte. Dem Beklagten konnte nur das verboten werden, was er schon getan hatte und dessen Wiederholung zu befürchten war. Dazu genügte nicht irgend eine künftig zu besorgende Verletzung des Klagepatents durch den Beklagten, sondern es mußte die schon früher begangene Verletzung sein. Damit war allerdings nicht gesagt, daß jede noch so geringfügige Abweichung die Wiederholungsgefahr ausschlösse, wenn das Modell, dessen Benutzung in der Zukunft zu befürchten steht, im wesentlichen, insbesondere in Ansehung der die Patentverletzung begründenden Merkmale, mit dem bisher gebauten Modell übereinstimmt. Insoweit fehlte es an ausreichenden Feststellungen. (I, 9. Oktober 1929.)

Amtl. Sammlg. S. 391—395.

Vgl. Bd. 48 S. 421; Bd. 96 S. 244; Bd. 101 S. 135; Bd. 108 S. 10.

77. Eisenbahn. Beihilfevertrag. Rechtsweg. (GVG. § 13; PrG. vom 3. November 1838 § 4; RBahnG. §§ 5, 43, 44, 45.) Zwischen der Stadt Frankfurt und der preußischen Eisenbahndirektion Frankfurt war gelegentlich der Einführung einer neuen Bahnlinie in den Hauptbahnhof Frankfurt ein Vertrag geschlossen worden, wodurch sich die Eisenbahnverwaltung zur Herstellung einer Unterfahrt verpflichtete. Die Stadt leistete die entsprechenden Zahlungen, die Herstellung der Unterfahrt unterblieb jedoch. Auf die Klage der Stadt machte die Reichsbahngesellschaft Unzulässigkeit des Rechtsweg geltend. Das Landgericht erklärte durch Zwischenurteil die Zulässigkeit des Rechtsweges. Das Berufungsgericht wies die Klage ab. Das Reichsgericht stellte das Urteil des Landgerichts wieder her. Der Vertrag war innerhalb eines Planfeststellungsverfahrens zur Beseitigung eines Widerstreits zwischen den öffentlich-rechtlichen Interessen der Parteien geschlossen worden; daraus ergab sich aber noch nicht, daß er dem öffentlichen Recht angehörte. Der Eisenbahnunternehmer bedarf zur Anlage und zum Betrieb der Bahn öffentlich-rechtlicher Befugnis; er muß aber auch zahlreiche privatrechtliche Geschäfte vornehmen. Wenn die Eisenbahnverwaltung sich bei der landespolizeilichen Erörterung ihres Planes zur Herstellung von Einrichtungen bereit erklärt, werden hiedurch keine privatrechtlichen Ansprüche begründet, weil eine solche Erklärung lediglich das Einverständnis bekundet, daß in den Feststellungsbeschluß diese Verpflichtungen aufgenommen werden; dagegen ist ein Privatrecht anzunehmen, wenn die Erklärung

den Willen ausdrückt, sich auch privatrechtlich gegenüber dem andern Teil zu binden, ihm ein dingliches oder persönliches Recht einzuräumen. Die Klägerin behauptete das; diese Behauptung kennzeichnete mit dem daraus hergeleiteten Antrag auf Verurteilung den Anspruch als einen privatrechtlichen und zur Geltendmachung vor den ordentlichen Gerichten geeigneten, gleichviel, ob außerdem auch eine öffentlich-rechtliche Pflicht der Eisenbahnverwaltung zu entsprechender Ausführung der Anlage bestand. Für die Zulässigkeit einer Klage ist der Klageanspruch so, wie er erhoben ist, ausschlaggebend, nicht aber die erst für die Entscheidung in der Sache selbst wesentliche Frage, ob die Klagebehauptungen als richtig anzunehmen sind. Die übernommene Zuschußpflicht beruhte auf keiner öffentlich-rechtlichen Vorschrift, stellte vielmehr die rein freiwillige Gegenleistung für die den Interessen der Klägerin entsprechende Gestaltung des Bauplans dar. Auch die von der Eisenbahnverwaltung übernommenen Bauverpflichtungen waren nicht öffentlich-rechtlicher Art; sie waren von ihr freiwillig gegen die Zusage der Zuschußleistung übernommen worden, nachdem die landespolizeilichen Prüfungsverhandlungen ergeben hatten, daß ein staatlicher Zwang zur Vornahme dieser Bauten nicht ausgeübt werden konnte. Gerade wenn die Interessen der Beteiligten auf dem Boden des öffentlichen Rechts nicht in Übereinstimmung gebracht werden können, wird häufig zu dem Aushilfsmittel eines privatrechtlichen Vertrags gegriffen. Beim Abschluß des in Frage stehenden Vertrags standen sich die Parteien einander als gleichberechtigte Vertragsteile gegenüber und handelten beiderseits freiwillig und ohne Unterwerfung unter einen staatlichen Zwang; der Vertrag war also als privatrechtlicher anzusehen. Hieran wurde auch durch die Übernahme der Staatsbahnen auf das Reich nichts geändert. (VII, 11. Oktober 1929.) Amtl. Sammlg. S. 396—401.
Vgl. Bd. 72 S. 230; Bd. 84 S. 118; Bd. 92 S. 313; Bd. 93 S. 258; Bd. 96 S. 75; Bd. 99 S. 45; Bd. 102 S. 251; Bd. 103 S. 55; Bd. 105 S. 35; Bd. 106 S. 179; Bd. 116 S. 370; Bd. 118 S. 109.

78. **Gesellschaft mit beschränkter Haftung. Kaduzierung. Eheliches Güterrecht.** (BGB. § 1403; GmbH. § 21.) Eine Frau, die mit ihrem Mann im gesetzlichen

Güterstand lebte, trat als Gesellschafterin in eine GmbH. ein. Da sie die versprochenen Einlagen nicht leistete, wurde sie durch einen Beschluß der Gesellschafter ihres Anteils für verlustig erklärt; der Geschäftsführer der Gesellschaft erwarb ihn bei der Versteigerung. Sie bestritt die Gültigkeit des Ausschlußverfahrens und klagte auf Feststellung, daß ihr der Geschäftsanteil nach wie vor zustehe. Das Berufungsgericht gab der Klage statt. Das Reichsgericht verwies die Sache zurück. Der im Streit befangene Geschäftsanteil gehörte zum eingebrachten Gut der Frau. Ihre Klagebefugnis ergab sich daraus, daß ihr Ehemann zu der Klage seine Zustimmung erteilt hatte. Die Ungültigkeit des Ausschlußverfahrens war damit begründet, daß es als ein einseitiges Rechtsgeschäft, das sich auf das eingebrachte Gut der Frau bezog, dem Mann gegenüber hätte vorgenommen werden müssen. Dieser Auffassung trat in Übereinstimmung mit dem Berufungsgericht das Reichsgericht bei. Es handelte sich bei der Einlageschuld allerdings um eine Verbindlichkeit der Frau, die der Mann weder der Gesellschaft noch der Frau gegenüber zu tragen verpflichtet war; aber die einseitigen Erklärungen der Gesellschafter, die den Ausschluß androhten oder verfügten, bezogen sich nicht nur auf die Einzahlungsverbindlichkeit, sondern teils nebenher, teils allein auf den Geschäftsanteil als Stück des eingebrachten Gutes der Frau. Eine solche Beziehung ist schon dann anzunehmen, wenn durch das Rechtsgeschäft das eingebrachte Gut in seinem Bestand eine Veränderung erleiden kann. Hierauf zielte aber die Aufforderung zur Einzahlung unter Androhung des Ausschlusses ab. Die entgegengesetzte, allerdings in den Erläuterungswerken zum Bürgerlichen Gesetzbuch übereinstimmend vertretene Auffassung, daß einseitige Rechtsgeschäfte, die zugleich den Aktiv- und den Passivbestand des eingebrachten Gutes berühren, der Frau gegenüber vorzunehmen sind, dem Mann gegenüber aber nur dann, wenn sie in Ansehung des eingebrachten Gutes ihm gegenüber wirksam sein sollen, führt zu unhaltbaren Verwicklungen. Wäre im vorliegenden Fall der Ausschluß gegenüber der Frau wirksam, gegenüber dem Mann aber unwirksam gewesen, so könnte dieser nach wie vor das Recht auf den Gewinnbezug ausüben; er könnte auch der Frau gegenüber keinen Anspruch auf Ersatz des Ausfalls aus dem Sondergut erheben, während die Frau dazu verpflichtet wäre. Der Umstand, daß die Frau möglicherweise von dem Vorgehen der Gesellschaft keine Kenntnis erhält, ist eine Folge der gesetzlichen Anordnung und vermag eine andere Entscheidung nicht zu begründen. Der Frau bleibt nach wie vor der Mann für die ordnungsmäßige Verwaltung des Geschäftsanteils verantwortlich und hat ihr nach Umständen auf Verlangen Auskunft zu erteilen, wie auch sie sich bei der Gesellschaft um ihr Gut kümmern kann. Die Gesellschaft muß sich allerdings um den Güterstand ihrer verheirateten weiblichen Gesellschafter kümmern; das hat aber nichts Belastendes für sie. (II, 15. Oktober 1929.) Amtl. Sammlg. S. 401—407.

79. Zwangsvergleich außerhalb des Konkurses. Abtretung einer Saldoforderung. Zinserlaß. (GeschAuff. VO. §§ 33, 60, 62; HGB. § 355; BGB. § 407.) Die E.-Bank trat am 17. März 1925 ihr Guthaben gegenüber einem ihrer Kunden, der mit ihr in bankmäßiger Verbindung stand, in der Höhe von 12 390 Reichsmark an die H.-Bank ab. Am 25. Mai 1925 wurde der Kunde unter Geschäftsaufsicht gestellt, am 20. Oktober 1925 wurde das Verfahren durch einen Zwangsvergleich beendigt, wonach die Gläubiger 60% ihrer Forderungen erhielten. An dem Verfahren beteiligte sich die E.-Bank, nicht aber die H.-Bank. Bis zum 1. Oktober 1925 war das Guthaben der E.-Bank auf 14 780 Reichsmark angewachsen. Die H.-Bank klagte auf Zahlung dieses Betrags unter Abzug von 8151,42 Reichsmark, welche die E.-Bank eingeklagt hatte. Das Berufungsgericht sprach ihr 7759,78 Reichsmark nebst Zinsen zu, abzüglich des schon im anderen Rechtsstreit eingeklagten Betrages. Die Revision der Klägerin hatte teilweisen Erfolg. Das Berufungsgericht hatte die Forderung der Klägerin mit 13 259,66 Reichsmark auf den 10. Oktober 1925 berechnet und hievon 326,68 Reichsmark abgesetzt mit der Begründung, die E.-Bank habe die Forderung schon am 17. März abgetreten und daher von da an kein Saldoanerkenntnis mehr mit dem Beklagten abschließen können; vom 1. Januar 1925 an könnten deshalb nur noch einfache Zinsen gefordert werden. Dabei war berücksichtigt, daß der Schuldner von der Abtretung nicht verständigt worden war. Demgemäß durfte ihm aus der Unwirksamkeit von Rechtsgeschäften mit dem früheren

Gläubiger, durch die seine Lage verbessert worden wäre, kein Nachteil erwachsen. Rechtsgeschäfte zwischen dem früheren Gläubiger und dem Schuldner, welche die Lage des Schuldners verschlechtern würden, sind schlechthin wirkungslos, weil dem früheren Gläubiger nach der Abtretung jede Beziehung zur Forderung fehlt. Durch die Abtretung war der Saldo notwendig aus dem zwischen dem Beklagten und der E.-Bank bestehenden Kontokorrentverhältnis ausgeschieden; wenn der Beklagte in Unkenntnis der Abtretung mit der E.-Bank die Fortsetzung des Kontokorrentverhältnisses in Ansehung des Saldos vereinbarte, konnte sich die Klägerin darauf jedenfalls insoweit nicht berufen, als dadurch der Beklagte schlechter gestellt wurde. Das war der Fall für das Mehr an Zinsen, das durch die vierteljährliche Saldierung entstand. Die gleiche Erwägung hatte auch für den Zwangsvergleich zu gelten. Dieser ist ein bürgerliches Rechtsgeschäft, wenn auch der Abschluß in besonderen, öffentlich-rechtlichen Formen erfolgt. Die E.-Bank hatte an dem Verfahren teilgenommen und demgemäß war ihre ganze Forderung, auch soweit sie abgetreten war, von dem Vergleich ergriffen worden. Der Erlaß der seit der Eröffnung des Vergleichsverfahrens aufgelaufenen Zinsen ist im Zweifel als Parteiwillen anzunehmen; es entspricht der Verkehrsauffassung, daß diese Zinsen, die bloß Nebenansprüche bilden würden und der Allgemeinheit der Gläubiger gleichmäßig zustanden, nicht noch außer der Rate für den Hauptanspruch geschuldet werden sollen. Hiernach ergibt sich folgende Berechnung: Der Klägerin standen an sich 7759,78 Reichsmark nebst Zinsen seit dem 21. Oktober 1925 zu. Von dem Kapital war die Summe abzuziehen, über die schon im Streit zwischen der E.-Bank und dem Beklagten entschieden war, nämlich 8000 Reichsmark, aber nur zu 60% = 4800 Reichsmark. Es blieben also noch 2959,78 Reichsmark. Nach dem Vergleich sollte ein Sechstel der Quote unverzinslich bleiben. Zinsen konnten also nur von 2959,78 — 493,29 = 2466,49 Reichsmark gefordert werden. (I, 28. September 1929.) Amtl. Sammlg. S. 408—411. Vgl. Bd. 52 S. 184; Bd. 77 S. 404; Bd. 92 S. 187; Bd. 119 S. 391.

80. Kontokorrent. Unerlaubte Handlung. (BGB. §§ 393, 826; HGB. §§ 312, 355.) Zwischen einer Bank und einer Aktiengesellschaft sowie deren Vorstandsmitgliedern, Joseph und Sigmund H., wurde eine Vereinbarung getroffen, wonach die Gesellschaft ihre Außenstände zur Sicherung für die der Bank geschuldeten Beträge an diese abtrat; die eingehenden Beträge sollten auf das Konto der Gesellschaft bei der Bank verbucht werden, diese sollte aber das Recht haben, 50% davon abzuheben. Ein Teil der Außenstände mit rund 5700 Reichsmark sollte in erster Reihe zur Deckung der Privatschulden der Gebrüder H. dienen. Gegen diese Übernahme von Schulden der Gebrüder H. auf die Gesellschaft und deren Tilgung durch Verwendung von Außenständen der Gesellschaft erhoben Mitglieder des Aufsichtsrates Widerspruch; sie drangen aber damit nicht durch. Die beiden Privatkonten der Brüder Joseph und Sigmund H. wurden später auf das Konto der Aktiengesellschaft umgebucht. Ein Jahr später geriet die Aktiengesellschaft in Konkurs. Die Bank meldet eine Forderung von rund 33 700 Reichsmark an. Der Konkursverwalter verlangte von ihr Zahlung von 5700 Reichsmark mit der Begründung, die Brüder Joseph und Sigmund H. hätten sich mit der Abtretung der Forderungen der Gesellschaft zur Deckung ihrer Privatschulden der Untreue, die Beklagte der Beihilfe dazu schuldig gemacht. Das Berufungsgericht wies die Klage ab. Das Reichsgericht verwies die Sache zurück. Das Berufungsgericht hatte darauf Gewicht gelegt, daß die Umbuchung der Schuld der Direktoren auf das Konto der Gesellschaft erst später erfolgt war, und sodann auf die Tatsache, daß die Zahlungen der Schuldner der Gesellschaft nicht auf den Privatkonten der Direktoren verbucht wurden. Damit war der Sachverhalt nicht erschöpfend gewürdigt. Enthielt die Bestimmung des Vertrags, daß die besonders genannten Beträge vor allem zur Deckung der Privatschulden der Gebrüder H. verwendet werden sollten, eine unerlaubte Handlung, so war es sehr wohl möglich, daß diese Beträge zwar dem Konto der Gesellschaft zugeführt, die Privatkonten der Gebrüder H. aber dadurch zum Erlöschen gebracht wurden, daß deren Schulden auf das Konto der Gesellschaft umgebucht wurden. Ob ein Sachverhalt in dieser Richtung festzustellen war, mußte noch geprüft werden. Die aus der unerlaubten Handlung folgende Verpflichtung zum Schadenersatz hatte die Wirkung, daß der frühere Zustand wieder herzustellen war. Das Berufungsgericht hatte angenommen, daß im vorliegenden Fall das Wesen des Kontokorrents der Wiederherstellung des früheren Zustands in dem vom Kläger vertretenen Sinne entgegenstehe. Diese Annahme war abzulehnen. Die Vereinbarung eines Kontokorrents hat zur Folge, daß die einzelnen Leistungen mit der Eintragung in das Kontokorrent und der Saldoziehung durch Verrechnung im Gesamtergebnis untergehen; die einzelnen Forderungen gelten bis dahin als gestundet. Daß im vorliegenden Fall eine Saldoziehung und Verrechnung erfolgt war, hatte das Berufungsgericht nicht festgestellt. Mit der Konkurseröffnung war das Kontokorrent erloschen. Die Anerkennung des Kontokorrents hinderte aber nicht die Feststellung, daß ein Schuldposten aus einem bestimmten Geschäft nicht in das Kontokorrent gehörte, weil das Geschäft unverbindlich war. Wenn der Vertrag im vorliegenden Umfang nichtig war, war die beklagte Bank zur Rückgängigmachung der Abtretung der besonders aufgeführten Forderungen und demzufolge zur Zahlung des auf Grund der Abtretung empfangenen Betrags an die Aktiengesellschaft zu Händen des Konkursverwalters verpflichtet; falls nur die besondere Vereinbarung von der Sittenwidrigkeit betroffen wurde, fragte es sich, ob die Annahme der hierauf bezüglichen Zahlungen der Schuldner der Aktiengesellschaft in der Absicht erfolgt war, die Schulden der Gebrüder H. damit zu decken. Dann würde die Wiederherstellung des früheren Zustandes gleichfalls darin bestehen, daß die Zahlungen rückgängig gemacht würden; andernfalls würde der Kläger zu prüfen haben, ob der Antrag auf die Feststellung zu beschränken war, daß das Konto der Gesellschaft nicht mehr mit den Verbindlichkeiten der Gebrüder H. zu belasten sei. Für diesen Antrag kam auch der Klagegrund der ungerechtfertigten Bereicherung in Betracht, wenn die Umbuchung ohne Beziehung zu vorher erfolgten Zahlungen auf Grund der Abtretung erfolgt war. (VI, 3. Oktober 1929.) Amtl. Sammlg. S. 411—417. Vgl. Bd. 56 S. 24; Bd. 59 S. 194; Bd. 76 S. 333; Bd. 87 S. 437.

81. Offene Handelsgesellschaft. Haftung ausgeschiedener Gesellschafter. (HGB. §§ 128, 159.) Eine offene

Handelsgesellschaft, die eine Bank betrieb, bestand aus drei Gesellschaftern. Zwei von ihnen schieden in den Jahren 1925 und 1926 aus; der dritte führte das Geschäft unter der bisherigen Firma allein weiter. Anfang 1927 ging er in das Ausland flüchtig. Die Eröffnung des Konkurses über die offene Handelsgesellschaft wurde mangels Masse abgelehnt. Ein Kunde, der im Jahre 1924 der Bank Wertpapiere in Verwahrung gegeben hatte, klagte gegen die beiden früheren Gesellschafter auf Schadenersatz. Die Klage drang in allen Rechtszügen durch. Der ausgeschiedene Gesellschafter einer offenen Handelsgesellschaft hat für die während seiner Zugehörigkeit zu der Gesellschaft entstandenen Verbindlichkeiten einzustehen. Die Verpflichtung zur Zurückgabe der Wertpapiere begründete sich auf Vorgänge, die während der Zugehörigkeit der beiden Gesellschafter zur Gesellschaft sich abgespielt hatten. Die Auffassung, daß der Hinterleger von Wertpapieren, der nach dem ihm bekanntgewordenen Ausscheiden eines Gesellschafters diese im Depot beläßt, sich wegen einer späteren Veruntreuung nicht an den ausgeschiedenen Gesellschafter halten kann, trifft in dieser Allgemeinheit nicht zu; nur auf Grund der Beurteilung des Einzelfalles kann entschieden werden, ob in einem solchen Verhalten das Einverständnis des Hinterlegers damit erblickt werden kann, daß die übrigbleibenden Gesellschafter allein als Verwahrer zu betrachten sind. (I, 9. Oktober 1929.)

Amtl. Sammlg. S. 417—420.

Vgl. Bd. 86 S. 60.

82. Beamtenrecht. Gemeindebeamter. Dienstvertrag. (PrKommBeamtG. § 1.) Der Leiter einer städtischen Kohlenstelle wurde am 1. April 1920 auf fünf Jahre mit der Maßgabe angestellt, daß das Dienstverhältnis nach Ablauf dieser Zeit einer dreimonatigen Kündigung unterliegen solle. Eine Anstellungsurkunde wurde ihm nicht ausgehändigt. Er wurde später zum stellvertretenden Vorsitzenden der Preisprüfungsstelle ernannt, auch wurde ihm die Leitung des städtischen Wohnungsamtes übertragen. Seit 1. April 1922 wurde er der Gehaltsgruppe XII der früheren Besoldungsordnung zugeteilt. Im Oktober 1928 wurde ihm gekündigt. Er klagte auf Weiterzahlung seines Gehalts. Die Klage drang durch. Dem Kläger war, wenn nicht schon durch seine frühere

Tätigkeit, doch mit der Leitung des Wohnungsamtes eine Tätigkeit übertragen worden, die ihrer Natur nach nur kraft einer amtlichen Stellung ausgeübt werden kann. Das erhellte ohne weiteres daraus, daß einen hauptsächlichen Teil des Aufgabenkreises der Wohnungsämter die hoheitsrechtlichen Maßnahmen bilden, die nach dem Wohnungsmangelgesetz zulässig sind. Die Stadt hatte sich darauf berufen, daß die Beamteneigenschaft nicht schon durch die Übertragung einer mit obrigkeitlichen Akten verbundenen Tätigkeit begründet werden könne, sondern nur durch Aushändigung einer Anstellungsurkunde. Das Reichsgericht hielt die schon früher ausgesprochene entgegengesetzte Auffassung fest. Die Befugnis zur Ausübung von Hoheitsrechten kann der Natur der Sache nach nur im Rahmen eines öffentlichrechtlichen Beamtenverhältnisses eingeräumt werden und nicht der Gegenstand eines privatrechtlichen Dienstvertrages sein; sie setzt also die Einstellung als Beamter notwendig voraus. Wer sie übertragen erhält, wird aus dem inneren Wesen der Sache heraus Beamter. Möglich bleibt es allerdings, die Rechtsstellung von Beamten solchen Personen zu versagen, denen nur nebenher obrigkeitliche Befugnisse zugeteilt sind, deren Haupttätigkeit aber nicht mit einer Ausübung öffentlicher Gewalt verbunden ist. Da die Gemeindebeamten grundsätzlich auf Lebenszeit anzustellen sind, war die ausgesprochene Kündigung als unwirksam zu betrachten. (III, 11. Oktober 1929.) Amtl. Sammlg. S. 420—422.

Vgl. Bd. 82 S. 242; Bd. 84 S. 368; Bd. 89 S. 297; Bd. 90 S. 260; Bd. 99 S. 267; Bd. 106 S. 17; Bd. 113 S. 221; Bd. 114 S. 129.

83. Binnenschiffahrt. Freizeichnung. Schadenfeststellung. (BinnSchiffG. §§ 7, 8, 26, 58, 61; HGB. §§ 430, 608.) Der für einen Flußdampfer ausgestellte Ladeschein enthielt die Bestimmung, daß jeder Wasser- und Feuerschaden als von unwiderstehlicher Gewalt herrührend anzusehen sei und daß die Reederei dafür nicht hafte. Ein Teil der Ladung wurde mit Wasserbeschädigung ausgeliefert. Der Inhaber des Ladescheins klagte gegen die Reederei auf Ersatz mit der Begründung, daß das Schiff schon vor der Reise fahruntüchtig gewesen sei. Das Berufungsgericht gab der Klage statt; die Revision der Reederei hatte keinen Erfolg. Die Haftung der beklagten

Reederei konnte sowohl auf ihre Eigenschaft als Schiffseignerin wie als Frachtführerin gestützt werden. Im ersten Falle traf den Kläger die Beweislast für den verschuldeten mangelhaften Zustand des Schiffes, er erwarb damit aber auch Anspruch auf vollen Schadenersatz; im zweiten Falle hatte die beklagte Reederei den Entlastungsbeweis zu führen, ihre Haftung beschränkte sich aber auf den gemeinen Wert des beschädigten Gutes. Das Berufungsgericht hatte festgestellt, daß die Fahruntüchtigkeit des Schiffes schon vor der Reise vorlag und erkennbar war; daraus ergab sich als unabwendbare Schlußfolgerung, daß die beklagte Reederei ihrer Pflicht zur Sorge für die Verwendung eines fahrtüchtigen Schiffes nicht nachgekommen war. Die Freizeichnungsbestimmung des Ladescheins war nicht geeignet, die beklagte Reederei von den Folgen eigenen Verschuldens zu entlasten; sie ließ zum mindesten die erforderliche Klarheit und Unzweideutigkeit vermissen, die es erlaubte, eine Befreiung der Beklagten von der sie in ihrer Eigenschaft als Schiffseignerin treffenden gesetzlichen Verpflichtung der Fürsorge für die Fahrtüchtigkeit des Schiffes anzunehmen. Eine unzweideutige Erklärung war um so mehr geboten, als es sich um die vertragliche Beschränkung einer für die Ausführung des Beförderungsvertrags grundlegenden und dem Schiffseigner ausdrücklich von Gesetzes wegen auferlegten Verpflichtung handelte. Die Beklagte hatte sich auch darauf berufen, daß sie zur Schadenfeststellung nicht beigezogen worden war; eine solche Beiziehung ist aber, im Gegensatz zur Seeschiffahrt, bei der Binnenschiffahrt nicht vorgeschrieben. (I, 16. Oktober 1929.)

Amtl. Sammlg. S. 422—426.

Vgl. Bd. 60 S. 377; Bd. 110 S. 224; Bd. 120 S. 42.

Gesetzesregister.

1. Bürgerliches Gesetzbuch (BGB.): 25 64; 31 32; 121 2; 126 14, 30; 127 14; 134 42; 139 42; 140 42; 157 3, 47; 184 11; 187 12; 188 12; 226 23; 242 2, 3, 9, 10, 19, 46, 47, 61; 249 40; 254 39; 259 51; 261 51; 276 72; 286 40; 287 40; 313 52; 393 80; 406 50; 407 79; 414 21; 415 21; 433 47; 504 24, 52; 507 25; 516 73; 534 73; 535 26; 581 25, 26; 733 54; 750 56; 794 56; 798 56; 812 40, 52; 814 52; 818 40; 823 13, 32, 54, 72; 826 54, 80; 839 17; 844 72; 873 27, 45, 52; 883 49; 888 49; 891 45; 892 11, 45, 62; 894 45; 925 27; 1004 23, 76; 1094 52; 1113 69; 1120 69; 1121 69; 1122 69; 1147 69; 1181 69; 1191 69; 1192 69; 1196 62, 69; 1197 69; 1333 33; 1403 78; 1438 67; 1439 67; 1442 67; 1445 67; 1488 67; 1490 67; 1497 67; 1748 53; 1804 73; 2040 27; 2113 49; 2136 49.
2. Einführungsgesetz zum Bürgerlichen Gesetzbuch (EG.-zBGB.): 7, 19, 20, 22, 53.
3. Zivilprozeßordnung (ZPO.): 37 59; 115 22; 121 22; 125 22; 126 22; 227 59; 233 12; 236 12; 238 14; 322 31; 329 27; 387 54; 518 48; 519 8, 60; 554 22; 554a 14.
4. Handelsgesetzbuch (HGB.): 15 45; 106 45; 107 45; 126 73; 128 81; 159 81; 275 68; 312 80; 355 79; 377 15; 407 74; 412 74; 430 83; 608 83; 735 13; 736 13; 738 13.
5. Anfechtungsgesetz (AnfG.): 49.
6. Anleiheablösungsgesetz (AnlAblG.): 43.
7. Arbeitsgerichtsgesetz (ArbGerG.): 38.
8. Aufwertungsgesetz (AufwG.): 2 19; 3 19; 6 62; 7 6; 10 21; 15 66; 17 11; 18 19; 20 10, 62; 21 6; 22 11; 25 49; 38 9; 63 19, 71; 65 19, 71; 67 49; 73 54; 74 54; 78 66.
9. Bankgesetz (BankG.): 55.
10. Binnenschiffahrtsgesetz (BinnSchG.): 83.
11. Freiwillige Gerichtsbarkeitsgesetz (FGG.): 28 54.
12. Genossenschaftsgesetz (GenG.): 29, 30.
13. Gerichtskostengesetz (GKG.): 22.

Seitenzahlen der amtlichen Sammlung.

1 1—3; **2** 3—7: **3** 7—11; **4** 11—17; **5** 17—19; **6** 19—24; **7** 24—33; **8** 33—37; **9** 37—48; **10** 48—53; **11** 53—58; **12** 58—64; **13** 65—68; **14** 68—76; **15** 76—80; **16** 80—85; **17** 85—87; **18** 87—91; **19** 91—98; **20** 98—100; **21** 100—105; **22** 105—108; **23** 108—114; **24** 114—122; **25** 123—127; **26** 128—131; **27** 131—133; **28** 133—143; **29** 143—156; **30** 156—159; **31** 159—166; **32** 166—171; **33** 172—174; **34** 174—179; **35** 179—181; **36** 182—186; **37** 186—191; **38** 191—192; **39** 193—196; **40** 196—202; **41** 203—209; **42** 209—213; **43** 213—215; **44** 216—228; **45** 228—230; **46** 230—235; **47** 236—240; **48** 240—242; **49** 242—252; **50** 252—255; **51** 256—261; **52** 261—265; **53** 265—272; **54** 272—273; **55** 273—286; **56** 286—289; **57** 289—295; **58** 295—299; **59** 299—313; **60** 313—315; **61** 315—319; **62** 319—323; **63** 323—338; **64** 338—342; **65** 342—344; **66** 344—347; **67** 347—356; **68** 356—361; **69** 362—369; **70** 369—372; **71** 372—374; **72** 374—379; **73** 380—384; **74** 385—387; **75** 388—391; **76** 391—395; **77** 396—401; **78** 401—407; **79** 408—411; **80** 411—417; **81** 417—420; **82** 420—422; **83** 422—426.

Sachregister.

MIX
Papier | Fördert gute Waldnutzung
FSC® C083411

Kolibri 360 GmbH
Ferdinand-Jühlke-Straße 7
99095 Erfurt, Deutschland
produktsicherheit@kolibri360.de